VENDEDORE$

PERRO$

BLAIR SINGER

VENDEDORE$
PERRO$

No tienes que ser un perro de ataque
para tener éxito en las ventas

AGUILAR

Título original: *Sales Dogs*
Publicado originalmente por Warner Books, en asociación con CASHFLOW Technologies, Inc. y BI Capital, Inc.
Traducción: María Andrea Giovine
Copyright © 2004 Blair Singer
De esta edición:
D. R. © Santillana Ediciones Generales S.A. de C.V., 2007.
Av. Universidad 767, Col. del Valle
México, 03100, D.F. Teléfono (55) 54207530
www.editorialaguilar.com.mx

Argentina
Av. Leandro N. Alem, 720
C1001AAP Buenos Aires
Tel. (54 114) 119 50 00
Fax (54 114) 912 74 40
Bolivia
Av. Arce, 2333
La Paz
Tel. (591 2) 44 11 22
Fax (591 2) 44 22 0
Colombia
Calle 80, n°10-23
Bogotá
Tel. (57 1) 635 12 00
Fax (57 1) 236 93 82
Costa Rica
La Uruca
Del Edificio de Aviación
Civil 200 m al Oeste
San José de Costa Rica
Tel. (506) 220 42 42 y
220 47 70
Fax (506) 220 13 20
Chile
Dr. Aníbal Ariztía, 1444
Providencia
Santiago de Chile
Tel. (56 2) 384 30 00
Fax (56 2) 384 30 60

Ecuador
Av. Eloy Alfaro, N33-347 y Av. 6
de Diciembre
Quito
Tel. (593 2) 244 66 56 y 244
21 54
Fax (593 2) 244 87 91
El Salvador
Siemens, 51
Zona Industrial Santa Elena
Antiguo Cuscatlan - La Libertad
Tel. (503) 2 505 89 y 2 289 89 20
Fax (503) 2 278 60 66
España
Torrelaguna, 60
28043 Madrid
Tel. (34 91) 744 90 60
Fax (34 91) 744 92 24
Estados Unidos
2105 NW 86th Avenue
Doral, FL 33122
Tel. (1 305) 591 95 22 y 591
22 32
Fax (1 305) 591 91 45
Guatemala
7ª avenida, 11-11
Zona n° 9
Guatemala CA
Tel. (502) 24 29 43 00
Fax (502) 24 29 43 43

Honduras
Colonia Tepeyac Contigua a Banco Cuscatlan
Boulevard Juan Pablo,
frente al Templo Adventista 7° Día, Casa 1626
Tegucigalpa
Tel. (504) 239 98 84
México
Av. Universidad, 767
Colonia del Valle
03100 México DF
Tel. (52 5) 554 20 75 30
Fax (52 5) 556 01 10 67
Panamá
Av. Juan Pablo II, n°. 15.
Apartado Postal 863199,
zona 7
Urbanización Industrial
La Locería - Ciudad de Panamá
Tel. (507) 260 09 45
Paraguay
Av. Venezuela, 276
Entre Mariscal López y España
Asunción
Tel. y fax (595 21) 213
294 y 214 983

Perú
Av. San Felipe, 731
Jesús María
Lima
Tel. (51 1) 218 10 14
Fax. (51 1) 463 39 86
Puerto Rico
Av. Rooselvelt, 1506
Guaynabo 00968
Puerto Rico
Tel. (1 787) 781 98 00
Fax (1 787) 782 61 49
República Dominicana
Juan Sánchez Ramírez, n° 9
Gazcue
Santo Domingo RD
Tel. (1809) 682 13 82 y
221 08 70
Fax (1809) 689 10 22
Uruguay
Constitución, 1889
11800 Montevideo
Uruguay
Tel. (598 2) 402 73 42 y
402 72 71
Fax (598 2) 401 51 86
Venezuela
Av. Rómulo Gallegos
Edificio Zulia, 1°. Sector
Monte Cristo. Boleita Norte
Caracas
Tel. (58 212) 235 30 33
Fax (58 212) 239 10 51

Primera edición: junio de 2006
Octava reimpresión: junio de 2007
ISBN: 970-770-400-4
D. R. © Adaptación de cubierta: Antonio Ruano Gómez
Diseño de interiores: José Manuel Caso-Bercht Serrano (mancaso3@prodigy.net.mx)
Impreso en México.

¡Este libro está dedicado a todos los gerentes de ventas solitarios que a lo largo de la historia intentaron "enseñar nuevos trucos a sus viejos perros"!

Para mi hijo Benjamín,
¡el mejor vendedor perro del mundo!

Índice

Agradecimientos

Sólo puedo decir que he tenido la bendición de estar en presencia de los mejores maestros y líderes que han existido. Puede que no leas sobre ellos en la revista *Fortune* y que no sean incluidos en un libro de historia ni en *Quién es quién*, pero mi vida es rica gracias a ellos. Parece que siempre se me han hecho presentes, como una vez dijo el doctor Buckminster Fuller: "¡Siempre y únicamente en el momento preciso!" Sólo espero que las lecciones que me transmitieron beneficen a otros en formas que rindan homenaje a mis maestros.

Algunas personas y maestros que me han inspirado y apoyado son: Eileen, mi esposa, quien siempre me ha enseñado el verdadero significado del amor incondicional. Mi hijo Benjamín, la fuente de inspiración más maravillosa que se haya creado. Mi querido amigo Robert Kiyosaki, cuya mente brillante ayudó a crear este proyecto; sin Robert acaso seguiría preguntándome quién podría ser algún día. Kim Kiyosaki, quien siempre ha sido una luz brillante y un caudal de apoyo personal y de información. Mi padre y mi abuelo, los mejores vendedores perros de todos los tiempos. Ellos me enseñaron lo que es valor, integridad, humor y tenacidad. Mi madre y mi abuela, ambas me mostraron que la fuerza se encuentra en el poder del amor y del compromiso. Mi hermano y mis dos hermanas, quienes siempre han sido mis mejores amigos y mis mejores jueces. Mi querido mentor en negocios, el finado Robert Etelson, sin cuya influencia probablemente yo seguiría conduciendo un tractor en Ohio.

Gracias a mi amigo David Avrick, quien nunca ha negado un excelente consejo, y a los increíbles amigos que me han apoyado para hacer esto posible: Wayne y Lynn Morgan, Keith Cunningham (el mejor gran perro), Herman Wright (el vendedor perro campeón), Richard y Verónica Tan, P. J. Johnston y Suzi Dafnis, Paul y Wendy Buckingham, Carol Lacey, Lawrence West, Jayne-Taylor Johnson, Pauline Abel, por su habilidad para mantenerme organizado, Brenda Saunders, Jamie Danforth, Julie Belden, Dianne Coles, Sherry Maysonave, Cheri Clark, D. C. Harrison; y a las muchas personas que me dedicaron un poco de su preciado tiempo y educación en el transcurso de los años.

Un agradecimiento muy especial para los talentos en redacción de Karen McCreadie de "Aussieland", quien fue capaz de hacer legible y comprensible *Vendedores perros* y quien finalmente interpretó lo que he tratado de decir durante años. Y a Mike Reynolds y a su equipo, por el diseño de la página de internet y su contribución a este libro.

Y por supuesto a la brillante combinación de arte, humor y creatividad de Einstein, que dotó a *Vendedores perros* de vida, forma y espíritu irreverente.

Prólogo

Mi padre rico decía:

"Tu riqueza, poder y felicidad aumentan con tu capacidad para comunicarte."

ROBERT KIYOSAKI

El consejo de mi padre pobre

Cuando regresé de la guerra de Vietnam, era momento de decidirme respecto de qué consejo iba a seguir. ¿Seguiría los pasos de mi padre rico o los de mi padre pobre? Mi padre real decía: "Debes volver a la escuela y obtener tu grado de maestría". Cuando le preguntaba por qué, me decía: "Para que puedas tener un escalafón de SG más alto y un mejor salario". Yo luego le preguntaba: "¿Qué es un escalafón de SG más alto?"

Mi padre me explicaba que SG significaba "servicio al gobierno" y que un grado académico más alto ayudaba a tener un escalafón de SG más alto, lo cual implicaba mayor salario. Yo seguía en la Marina, pero no me gustaba el hecho de que el gobierno otorgara ascensos por jerarquía, educación formal, ejercicio y otros factores fuera del control de un individuo. Había visto a demasiados oficiales incompetentes obtener un ascenso sobre compañeros más competentes, sólo porque eran excelentes para decir "sí", no porque fueran grandes líderes.

El consejo de mi padre de regresar a la escuela sólo para mejorar el servicio al gobierno, con una mejor escala de salario, no me emocionaba. Yo estaba buscando una oportunidad de sobresalir por mis *resultados financieros*, más que *académicos* y mi escala gubernamental de salarios. Definitivamente no quería pasarme el resto de mi vida empleado por un sistema que me dijera cuánto podía ganar, cuáles eran mis beneficios, quién mi superior, cuándo podía retirarme y cuánto ganaría tras mi retiro.

El consejo de mi padre rico

Cuando le dije a mi padre rico que había decidido seguir sus pasos y entrar al mundo de los negocios, *no* me animó a volver a la escuela. En cambio, dijo: "Si quieres entrar al mundo de los negocios, primero debes aprender cómo vender".

"¿Aprender cómo vender?", dije. "Pero quiero ser empresario, ser como tú. Quiero tener negocios grandes y muchas personas trabajando para mí; invertir en bienes raíces y poseer terrenos y enormes edificios. No quiero ser vendedor."

Mi padre rico simplemente se rió de mi ingenuidad.

"¿Por qué te estás riendo?", pregunté. "¿Qué relación tiene vender con construir negocios, controlar personal, hacer dinero e invertir?"

De nuevo, mi padre rico simplemente rió y dijo: "Todo".

Un cambio de actitud

En *Padre rico, padre pobre*, los lectores se enteraron de que crecí en una familia de educadores. Se esperaba que yo obtuviera una maestría e incluso un doctorado.

Mientras los altos grados académicos se tenían en gran estima, en el otro lado del espectro estaba el vendedor. En mi familia de intelectuales, los vendedores se encontraban en la parte más baja. Cuando mi padre rico me informó que mi primer paso para entrar al mundo de los negocios era convertirme en vendedor, el rechazo familiar hacia los vendedores afloró en mi cuerpo, mente y alma. Si pretendía seguir el consejo de mi padre rico, necesitaba un cambio radical de actitud hacia las ventas y convertirme en vendedor.

Hombres de hojalata

Hace varios años, Hollywood produjo la película *Hombres de hojalata*. Se trataba de unos vendedores que iban de puerta en puerta vendiendo revestimientos de aluminio para las casas. Mientras veía la película, me resultaba difícil reír, aunque era una película cómica. No podía hacerlo porque la película era la vida real.

Cuando estaba en secundaria, mamá y papá dejaron entrar a casa a dos "hombres de hojalata". Se sentaron con mis padres junto a la mesa de la cocina y comenzaron su perorata de ventas. Cerca de una hora después los dos vendedores tenían un contrato firmado. Mientras mi madre llenaba un cheque, uno de los vendedores se puso de pie, dio la mano a mis padres y se dirigió a su auto. La venta se había cerrado.

Lo siguiente que escuchamos fue el crujir y tronar de la madera. Mamá, papá, mi hermano y yo salimos y bajamos

las escaleras. Al pie de ellas se encontraba el hombre de hojalata que se había dirigido al coche. Había tomado una palanca de su cajuela y la usaba para desprender una parte de
la fachada de nuestra casa.

Mamá y papá se quedaron sin habla. Sus rostros mostra-
ban un impacto y desánimo absolutos. "¿Qué está haciendo?", preguntó finalmente mi padre.

"No se preocupe, señor Kiyosaki, sólo estamos empezando nuestro trabajo."

El segundo hombre fue al coche y sacó una hoja de aluminio y ambos la clavaron sobre la sección rota de la casa. "Ahí",
dijo uno de los hombres de hojalata. "El trabajo ya está empe-
zado. Cuando recibamos el resto de su pago, regresaremos a
terminar." Luego ambos subieron al coche y se alejaron.

Durante meses, esa esquina de nuestra casa permaneció
rota y expuesta, con una hoja de aluminio adherida. Mis padres estaban muy molestos, discutieron y perdieron el sueño
durante meses mientras intentaban dar por terminado el
contrato y recuperar su dinero. Exigían que arreglaran la
esquina de nuestra casa. Recuerdo que mi madre me dijo:
"Si tu padre padece un ataque cardiaco y muere a causa de
lo que esos dos vendedores le están haciendo pasar, nunca
los perdonaré". Yo también estaba muy preocupado por la
salud de mi papá.

Los hombres de hojalata nunca regresaron. Tras seis meses de acaloradas llamadas telefónicas, la compañía de
recubrimientos de aluminio les devolvió el contrato con un
sello de *cancelado* cruzando el frente. Aunque mis padres
lograron rescindir el contrato, la compañía se negó a
regresarles el depósito y a arreglar la esquina de la casa donde colgaba la hoja de aluminio. Así que la batalla continuó.
Después de meses de mirar el desagradable recordatorio del

incidente, vino un vecino, desmontó la hoja de aluminio y reparó el daño causado por la palanca. Desde entonces, lo único que mis padres podían decir de *todos* los vendedores era que *todos* eran escoria, estafadores, flojos, mentirosos, deshonestos, oportunistas, vagos y otros adjetivos igual de descriptivos.

Alrededor de diez años después del suceso de los hombres de hojalata, mi padre rico me estaba aconsejando convertirme en vendedor profesional. Mientras hablaba, lo único que me pasaba por la cabeza era: "¿Cómo voy a decirle a papá que aprenderé a ser un hombre de hojalata?"

Algunos de los mejores consejos que he recibido

Cuando los jóvenes me preguntan qué deben hacer para empezar su carrera en los negocios les ofrezco el mismo consejo que me dio mi padre rico: conseguir un trabajo en el área de *ventas*. Les digo que haberme sugerido conseguir un empleo con un programa de entrenamiento formal en ventas fue el mejor consejo que pudieron darme.

En lugar de que esos jóvenes vean la sabiduría que encierra ese consejo, a menudo recibo la misma respuesta que di a mi padre rico hace años: "Pero yo tengo un título universitario. ¿No debería empezar en un puesto gerencial… en lugar de ventas?"

Cuando esto sucede, les cuento la historia de los hombres de hojalata y agrego el punto de vista de mi padre respecto de esos hombres. En cuanto a ellos, mi padre rico decía:

> El mundo está lleno de hombres de hojalata. Se pueden encontrar en todas las profesiones, no sólo en ventas. Los hay

en educación, medicina, derecho, política y religión, así que no debes evaluar la profesión de ventas a partir de unos cuantos hombres de hojalata. Resultan de hojalata porque *no* son buenos vendedores. Manipulación, engaño, presión, falsa sinceridad, sonrisas fingidas *no* significa vender. *Vender es sinónimo de comunicar:* interesarse, escuchar, resolver problemas y servir a tus congéneres.

Para mi padre rico vender significaba ser capaz de sobreponerte a inseguridades, miedos y deseos personales, salir día tras día con la única idea de servir a tus congéneres. Para él en eso consistían las ventas. Decía: "Las ventas y la comunicación verdaderas no se reducen al número de ventas que haces, ni tienen que ver con el monto de tu cheque de comisiones. Vender significa *sentir pasión* respecto del producto o servicio de tu compañía e *identificarse* con los deseos, sueños y necesidades de tus congéneres".

Mi padre rico creía en la ley de la reciprocidad, es decir, la Regla de Oro. Sabía que tu habilidad en ventas no sólo se mide por la cantidad acumulada en tu cheque de comisión. En cambio, decía: "Mejora constantemente tu habilidad para vender y comunicar; tu vida mejorará si usas tu habilidad para ayudar a otras personas". Continuamente subrayaba ese aspecto reiterando: "Tu *riqueza, poder* y *felicidad* aumentan con tu habilidad para comunicarte. Es tu herramienta más importante en el mundo de los negocios y en la vida. Sigue perfeccionando tus habilidades de comunicación para mejorar las vidas de otros, y tu vida también mejorará".

Sin importar qué negocio elijas, la habilidad de comunicarte y vender es esencial para tener éxito.

Los grandes líderes son grandes comunicadores

El argumento de mi padre rico que resultó ineludible para decidirme a entrar en el mundo de las ventas fue que que los grandes líderes eran grandes comunicadores. Mi padre rico me recordó el poder del Gettysburg Address de Lincoln. Me decía: "Ese hombre vendió la idea de que una guerra valía la causa por la cual se luchaba."

Mi padre rico señaló el poder del discurso de John F. Kennedy para vender la idea de que pondríamos a un ser humano en la luna. Como era un hombre muy religioso, también insistió en el callado poder de personas como la Madre Teresa, quien vendía nuestra necesidad de ser humanos compasivos.

Mi padre rico decía: "Si sueñas con convertirte alguna vez en un gran líder en el campo que elijas, trabaja continuamente en mejorar tu habilidad para vender, pues eso hace que un líder sea excelente. Su habilidad para vender una idea modifica vidas y cambia la historia para siempre".

Comienza el entrenamiento en ventas

En 1974 dejé la Marina y me uní a la Corporación XEROX. Entré a trabajar ahí porque la empresa tenía un excelente programa de entrenamiento en ventas. De hecho, es un programa que XEROX vende a otras compañías. No obstante, por bueno que fuera el programa de entrenamiento, las lecciones reales comenzaron en la oficina de ventas y en las calles.

Aprender a vender fue una de las cosas más difíciles que he debido hacer. Como soy muy tímido e introvertido, el

terror que se apoderaba de mí cada vez que tocaba una puerta superaba el que sentí en Vietnam. Odiaba el miedo y la
náusea por los que pasé todas las mañanas durante dos años.
Odiaba decir a mi gerente que había tenido otro mes malo
sin ninguna venta. Odiaba ver mi cheque de comisiones y
darme cuenta de que no podría pagar mis cuentas mensua-
les. Odiaba todo lo relacionado con vender. No obstante, fue
el mejor entrenamiento de negocios al cual pude someter-
me. Con toda honestidad puedo decir que mi riqueza, poder
y felicidad actuales están directamente vinculados con mi
habilidad para vender y comunicarme.

¿Por qué *Vendedores perros* es importante?

Blair Singer ha sido uno de mis mejores amigos desde hace
más de veinte años. Es un gran comunicador, maestro y ser
humano. Su libro *Vendedores perros* da un toque de humor a
este tema a menudo árido y serio. Cuando Blair y yo comen-
zamos a discutir por primera vez su libro en 1999, ambos
recordamos la época en que éramos vendedores. Nos reímos
y bromeamos sobre los personajes sentados en ese cuarto
todos los lunes por la mañana, esperando la plática sobre
motivación de nuestro gerente de ventas. En ese momento
fue cuando Blair hizo el comentario: "Tratar de entrenar a
todos los vendedores que abarrotaban aquella sala era peor
que intentar entrenar a una jauría". Entonces introdujo la
idea de que el departamento de ventas de un negocio es en
realidad una perrera, llena de perros híbridos y con pedigrí
de muchas razas distintas. Así nació el programa de entrenamiento en ventas Vendedores Perros.

Estoy orgulloso de tener a Blair Singer como uno de los asesores de Padre Rico y a su libro *Vendedores perros* como parte de la serie de libros de los asesores de Padre Rico. Si mi padre rico viviera, también estaría muy orgulloso y feliz. Si estuviera aquí en este momento, mi padre rico te diría: "Sigue mejorando tu habilidad para vender y comunicarte. Tu *riqueza, poder* y *felicidad* aumentan con tu habilidad para comunicarte".

Por favor lee, disfruta y aprende de este libro. Luego sigue hacia adelante y prospera.

ROBERT KIYOSAKI

 ## Descarga de audio

En cada uno de nuestros libros nos gusta proporcionar una entrevista con consejos adicionales. Como agradecimiento a ti por leer este libro, puedes acudir al sitio de internet www.richdad.com/advisors.

Gracias por tu interés en tu educación financiera.

Introducción

En *El cuadrante del flujo del dinero* de Robert Kiyosaki, el autor hace referencia a las categorías E (empleado), A (autoempleado), D (dueño de un negocio) e I (inversionista). Realmente es cierto que las mayores oportunidades de amasar una fortuna vienen del lado D/I de las cosas. No obstante, uno de los principales obstáculos que impiden a las personas tener éxito en los negocios o siquiera emprender uno, es su miedo y desagrado hacia las ventas o su incapacidad para vender. Si no puedes vender, no puedes construir un negocio. Las ventas y el liderazgo van de la mano, pues se relacionan con dar una visión de algo mejor y convencer a otras personas de que acepten y actúen de acuerdo con esa visión. Nunca he visto un gran líder que no pudiera vender, persuadir o influir.

Para quienes todavía no están listos para el cuadrante D o simplemente no quieren entrar en ese terreno, la siguiente posibilidad para generar ingreso es aprender a vender. Con esa herramienta en tu poder, puedes acelerar tu camino hacia el cuadrante D o I, acumulando un gran ingreso por ventas mediante comisiones, regalías, compensaciones y dividendos. Puedes avanzar más que alguien limitado a recibir un cheque fijo. En vez de rogar por un aumento, lo cual te pone a merced de otra persona, simplemente sales y vendes más.

Mi padre (ni rico ni pobre) y mi abuelo me dieron un gran regalo: saber que podía crear ingreso en cualquier momento, lugar y circunstancia. Me enseñaron que si podía proveer un producto, servicio u oportunidad que llenara o superara las necesidades de otro, siempre podría hacer dinero. ¡Lo único que necesitaba era ser capaz de venderlo!

Si tienes intención de tener éxito en el lado D de las cosas, debes convertirte en un "vendedor perro". Si no, tendrás grandes sueños, pero ningún resultado.

Vendedores perros se escribió porque he estado dentro y cerca de esta profesión durante más de 30 años y he visto con mis propios ojos los increíbles éxitos y frustraciones de vendedores de todo el mundo. Las bajas pueden minimizarse y las altas acelerarse con sólo examinar unos cuantos supuestos básicos sobre vender y tener influencia en otros.

También tengo un perro. Y con los años he notado las impresionantes similitudes que hay entre nuestros amigos caninos y nosotros. No hay mejor compañero en el mundo que "el mejor amigo del hombre". A lo largo del tiempo, los perros han defendido a sus amos, rastreado comida para banquetes y ofrecido amor y amistad cuando todos los demás se han ido. Son inalterables, imparables y siempre se muestran optimistas y tenaces hasta el fin… justo como cualquier buen vendedor.

Al final de este libro, si lo lees, aprendes y practicas sus lecciones, sucederá una de cuatro cosas:

1. Si ya te gustan las ventas tu ingreso se irá por las nubes.
2. Si no estás tan orgulloso de ser vendedor, te sentirás inflado como un pavo real y deseoso de comenzar.
3. Si no estás en ventas, considerarás incorporarte o bien revisarás qué tan fuerte puedes impactar al mundo que te rodea.
4. ¡Querrás comprar un perro!

Los negocios actuales nos juzgan con base en quién genera más interés, emoción y compromiso hacia su respectivo servicio, producto, oportunidad o punto de vista. Y aunque algunas personas obtienen increíbles cantidades de dinero, otras se quedan en la mediocridad.

¿Cuál es la diferencia? ¿Cómo te conviertes en el ganador en la batalla por la energía, compromiso, tiempo y dinero de otra persona?

La respuesta se encuentra dentro de cada uno de nosotros bajo la forma de "talento" natural y "habilidad" aprendida. Quienes tienen más talento *y* habilidad para enrolar a otros y generar más influencia harán más ventas y conseguirán más ingreso.

Para hacerlo necesitamos disipar algunos mitos sobre las ventas de una vez por todas…

Mito 1

Debes ser un "perro de ataque" para tener éxito en el mundo de las ventas. Sólo ciertas personas pueden "cerrar" ventas.

Hecho 1

Durante demasiado tiempo la "clave" de las ventas se ha
presentado como el Santo Grial. Incontables libros, cintas y
gurús dicen saber el secreto del éxito, del dominio de las
ventas. Hemos diseccionado, analizado, sistematizado, creado un vocabulario y "purificado" las ventas al punto de que
perdimos contacto con la esencia de vender y olvidamos la
simple verdad.

La verdad es que no debes ser un "perro de ataque" super-
rudo para tener éxito en ventas. Ése sólo es un tipo de "vendedor perro". En realidad, hay cinco razas de "vendedores
perros". Si puedes descubrir a cuál perteneces de manera
natural y usas ese talento, entonces sólo es cuestión de actuar según tu punto fuerte. Y si luego puedes aprender algunas habilidades de otras razas disfrutarás de un éxito aún
mayor.

Por ejemplo, un golden retriever es el perro más feliz,
amigable y adorable del planeta, moverá la cola y te babeará
por completo en cada oportunidad que tenga. Pero si amena-
zas a su amo, ¡de pronto ya no será tan amigable! El talento
del golden retriever es ser amistoso y adorable, pero puede
ser entrenado con unas cuantas habilidades del pit bull.

Todos somos individuales y cualquier esfuerzo por entrar
en el molde fijo del vendedor perfecto desde el inicio está
condenado al fracaso y sólo logrará que la vasta mayoría de
nosotros seamos infelices y espectacularmente poco exitosos.

Mito 2

Nos dicen que debemos estar lo suficientemente "bien for-
mados" como para dominar toda *herramienta* y poseer todo

talento que un vendedor debería tener. ¡Imposible! ¡Esa persona no existe! Tradicionalmente nos evalúan y nos dicen que debemos fortalecer nuestras debilidades, a menudo obligados a luchar contra nuestra propia naturaleza en un vano intento por volvernos perfectos.

Hecho 2

El secreto para alcanzar el éxito no está en la formación de seres automatizados. No tenemos que ser todo para todos. Sólo necesitamos ser nosotros mismos, entender y aceptar quiénes somos y usar ese conocimiento para capitalizar nuestras fortalezas.

¡Si intentas convertir debilidades en fortalezas, será una pérdida de tiempo! ¡Encontrar lo que puedes hacer bien y aprovechar por completo esas fortalezas es muy desafiante!

¿Qué pasaría si te dijera que estás bien justo como eres?

¿Qué pasaría si te dijera que podrías ganar mucho más dinero en ventas, siendo justo como eres?

¿Qué pasaría si te dijera que te puedo enseñar cómo?

Mito 3

Todos los vendedores son tiburones.

¡Hay personas en el mundo (¡Y tú podrías ser una de ellas!) que clasificarían un trabajo en ventas por debajo del de técnico de alcantarillado o conejillo de Indias para ciencia nuclear, si tuvieran que elegir una profesión o alguien a quien preferirían conocer!

Para quienes tienen esa visión, que les "vendan" algo, ni qué decir, pues trabajar en ventas sería un destino peor que la muerte. Y la mera mención de la palabra conjura visiones de haraganes mezquinos y ladinos listos a aprovecharse de quien se pueda.

Hecho 3

Primero que nada, si temes que te vean de ese modo o si tú mismo tienes esa visión, será muy difícil mostrarte de manera creíble. Tu miedo o desagrado por la profesión se verá reflejado en tu efectividad.

Los vendedores simplemente son personas encargadas de reunir información y proporcionar servicios, productos y oportunidades necesarios. Para vender, primero debes transformar tu visión de las ventas. John F. Kennedy vendía, Martin Luther King vendía, Gandhi vendía, tus hijos están vendiendo constantemente. Michael Dell, Lou Gerstner, Warren Buffet, Vince Lombardi, tu ministro, tus padres… todos venden. Esas personas han proporcionado información irrefutable en momentos críticos para que otros eleven sus niveles de productividad, competencia y ventaja personal. Tú eliges la imagen que quieres.

Mito 4

He trabajado en ventas toda mi vida… No hay nada que yo no sepa.

Hecho 4

El mundo actual no es el mismo de ayer y será diferente el que viviremos mañana. Nunca en la historia el cambio ha sido tan rápido. Lo que funcionaba ayer puede no ser efectivo mañana, así que el "vendedor perro" exitoso "debe" mantenerse en aprendizaje constante para estar a la cabeza de la jauría.

Vendedores perros enseña una mentalidad que te dará la clave mental y emocional para ganar. Es una educación de herramientas, técnicas y estrategias que acelerarán tus esfuerzos en ventas.

E incluso los viejos vendedores perros pueden volverse competitivos otra vez, si se comprometen a aprender y crecer. Todos los perros pueden cazar, algunos sólo han olvidado cómo hacerlo porque están alimentados en exceso y les falta ejercicio. Los que no pueden cazar simplemente son víctimas de su propio ego y falta de deseo de seguir aprendiendo, creciendo y adoptando nuevas herramientas. Esos perros ya no pueden competir con los cachorritos que hay en las calles. Para mantenerte en la jugada debes seguir aprendiendo.

Mito 5

Yo no trabajo en ventas.

Hecho 5

Te consideres vendedor o no, las lecciones de ventas son increíblemente valiosas. Son las que te darán lo que desees obtener en tu vida.

Yo afirmaría que todo el mundo vende. Si estás casado o tienes una relación, si tienes hijos, eres dueño de un negocio, o empleado, de hecho si respiras, la mayor parte del tiempo te encuentras en un concurso de ventas de alto nivel. Vivir es vender. Y los miembros de tu equipo de ventas cambian conforme tú cambias, dependiendo de las fases de tu vida y de las coyunturas que se presenten.

Si trabajas en un equipo, manejar objeciones y convencer a otros es un proceso constante. Tratar con tu jefe, banquero, hermanos, vendedores, cobradores y con el tipo de al lado es parte del proceso de ventas.

Sin embargo, *el* contrato de ventas más importante que conseguirás en tu vida es el que tienes contigo. Eres tu crítico más implacable, tu cliente más difícil y tu propia máquina personal de objeción/rechazo. No obstante, debes venderte a ti mismo a diario.

Las habilidades inherentes a las ventas quizá son las que tienen mayor potencial para cambiar la vida de las personas, incluso si nunca logran un prospecto. Puedo decirte que aprender y dominar esas herramientas ha tejido el tapiz de mi vida. La increíble calidad de mi matrimonio, familia, carrera, amigos y estilo de vida son resultado directo de las lecciones aprendidas y practicadas de las ventas.

Y la mayor parte no lo aprendí de algún curso de entrenamiento en ventas ni de ningún asesor con altos honorarios. Es el resultado de 30 años de observación, comprensión e implementación. Cuanto más revises este libro, más fácil, rica y llena de recompensas será tu vida.

Vendedores perros echa un vistazo serio y a la vez irreverente hacia nosotros mismos. Hay un "perro" en cada uno de nosotros. Y también una joya. *Vendedores perros* desea enseñarte a ver ambas cosas.

Mediante un poco de humor, un poderoso entrenamiento de desarrollo personal y muchas técnicas revolucionarias, *Vendedores perros* te hará tan fuerte como quieras ser, exclusivamente para ventaja tuya y de gente cercana a ti. Cuanto más sirvas a otros, más recompensas recibirás.

Vendedores perros facilitará cualquier tipo de venta. Aprenderás a reconocer qué tipo de "vendedor perro" eres para convertir tu talento en dinero. También te enseñará las mejores habilidades en ventas, mentales y emocionales de las demás razas, de modo que puedas aumentar tus talentos naturales y ser el líder de la jauría.

Vendedores perros es una metodología que ayuda a revelar y capitalizar tus puntos fuertes.

Las ventas son un verdadero viaje de desarrollo personal. Todo lo que aprendas sobre vender, sobre la gente, hacer presentaciones, mercadotecnia y cómo manejar objeciones, pondrá dinero directamente en tu bolsillo. Todos los días aprendes *quién eres realmente* y de qué estás hecho.

¡Qué aventura!

¡Un verdadero vendedor perro sabe que entusiasmo, energía y buen entrenamiento sólo pueden traducirse en satisfacción personal y dinero! Este libro es tu propio programa de entrenamiento personal para una vida más rica, feliz y agradable. Cuanto más leas, más venderás y más divertido será.

Así que salgamos de cacería.

Nota del autor

Aunque algunos capítulos de este libro podrían parecer destinados a gerentes de ventas, en realidad la información se dirige a todo tipo de vendedores. Y a ti, como vendedor, te ayudará a reconocer tu propia raza de modo que puedas adueñarte de tus fortalezas, al mismo tiempo que te dará la visión para minimizar tus debilidades. ¡Y si eres gerente te ayudará a reconocer la raza de tus vendedores perros para asignar el can indicado a la presa adecuada! Los consejos son igual de poderosos para vendedores y gerentes.

Los mejores vendedores perros harán todo lo posible por aprender cuanto puedan sobre motivarse a sí mismos y a los demás.

También quiero librarme oficialmente de cualquier reclamación por falta de precisión en cuanto a hábitos individuales y procesos de pensamiento en los perros. No soy experto en perros y este libro no se basa en estudios científicos sobre estos animales. Está basado simplemente en mi experiencia como amante de los perros y como profesional con miles de vendedores. Si eres experto y amante de los perros o adicto a los detalles, por favor no te ofendas. El propósito de este libro es ayudarte a aprender, divertirte y volverte lo más poderoso posible.

1

¿Eres un vendedor perro?

¡Ha llegado el momento!

La respuesta está por llegar. Todos los meses de trabajo duro, espera, incertidumbre y expectativas terminarán en unos minutos.

Vives en un mundo único donde todo es blanco o negro. No hay recompensa para el segundo lugar. Es un juego de todo o nada. El ganador toma el premio y el perdedor se aleja hambriento. A pesar del lenguaje complejo y cuidadosamente entramado de nuestra profesión, en realidad sólo dos palabras importan: "Sí" y "No".

Mientras esperas la respuesta, tu mente no puede evitar poner la cinta de los últimos meses... Todo comenzó en un elevador repleto hace tres meses, cuando un amigo te entregó un papel. En él había un nombre y un número telefónico. "Échales una llamada", dijo tu amigo, "creo que pueden estar interesados".

El juego estaba en vías de realizarse...

Hiciste el contacto inicial: te abriste paso mediante un asistente personal de clase mundial para llegar a la persona con capacidad de tomar la decisión. Hubo juntas. Se intercambiaron miles de correos electrónicos. El punto surgió durante una teleconferencia decisiva. Picaste su curiosidad y lograste llegar hasta el final.

Pronto llegó el momento de la presentación. Estabas a la cabeza en la competencia y, si todo salía bien, esa cuenta era tuya. Durante la presentación estuviste en tu mejor nivel. Tus movimientos fueron suaves. Tu voz estuvo llena de poder y razón. En un cuarto con luz baja, hiciste tu presentación con gracia y precisión. Diste a entender tu argumento con destellos cuidadosamente planeados. Todo fue perfecto. Claro… hasta que te hicieron "La Pregunta".

Hubo un resuello casi perceptible cuando tu equipo escuchó "La Pregunta", pero te mantuviste firme y diste la respuesta con tu estilo implacable característico. Era una pregunta difícil, pero la habías ensayado y preparado bien. Nadie en la sala detectó la preocupación que hacía eco silenciosamente en tu mente.

¿O sí? ¿Acaso debiste dar una respuesta diferente?

Esos son los "debí", "pero" y "quizá" que vienen cuando ves las cosas en retrospectiva; son los pensamientos que te acosan mientras esperas que el jurado dé su veredicto. No hay nada más que puedas decir, nada que agregar, y sólo queda la incómoda incertidumbre que ahora llena tu mente. Todos tus esfuerzos dependen de la discusión que tiene lugar tras la puerta cerrada de una sala de juntas del treceavo piso de un rascacielos de Manhattan.

Miras el reloj y ves cómo la segunda manecilla se mueve con enorme lentitud. Estás consciente de que para ese momento ya se han levantado las manos. Se han contado los votos y la decisión está tomada.

El sonido del teléfono te saca de tu película interna. Por poco caes del escritorio mientras te precipitas a contestar... sólo quieres saber, ¡el tormento es peor que la decisión! Justo a tiempo para detenerte, reunir tus ideas, poner cara imperturbable, dar un profundo suspiro: "Bueno, si lo consigo, genial; si no, mañana será otro día". Después de que el teléfono ha sonado un par de veces, tomas el auricular y con el mayor optimismo dices...

"Hola."

¿Esta escena te suena familiar? Debería. Todos hemos estado ahí.

Es la vida en las trincheras, una búsqueda constante, implacable. Hay muchas pérdidas y rechazos salpicados entre las victorias. Alegría, expectativa, júbilo y emoción se mezclan de manera incómoda con miedo, rechazo y desaliento. Un minuto te sientes de tres metros de altura y a prueba de balas y al siguiente ¡zas! Pero aun así, es la emoción de la caza lo que nos retiene.

Muchos vendedores comparten entre sí en privado que el mundo de las ventas es "una vida de perros". Sin embargo, aparte del sarcasmo, hay en la frase más verdad de la que podrías imaginar. Como vendedores tenemos mucho en común con nuestros amigos caninos.

Por ejemplo, ¿alguna vez has visto a un perro perseguir una vara?

Tomas una vara y la arrojas en un campo verde y frondoso. Con la lengua de fuera, babeando y moviendo las orejas, el perro parece deslizarse sobre margaritas y crisantemos, con todos los músculos tensos en implacable persecución de la vara. Con una sonrisa de oreja a oreja, la mente del perro baila emocionada, porque ese momento es el cielo. Todo lo que molestó para que lo sacaran a pasear entre sollozos y rasquidos, todo el esfuerzo para llegar ai parque valieron la pena: ¡el perro vive para atrapar esa vara!

Alguna vez te has preguntado: "¿Qué hace que a los perros les guste ir tras las varas?"

Alguna vez te has preguntado: "¿Por qué yo aún persigo contratos?"

Si alguna vez observaste a un perro molestar a alguien para que le arroje una pelota o una vara, entenderás la similitud entre las ventas y los perros: dejarán caer la vara llena de baba a los pies de esa persona inocente una y otra vez. A su manera, de alguna forma saben que esa persona terminará por levantarla y arrojarla. A pesar de las muchas veces que el perro se vea ignorado o rechazado, regresará con el mismo entusiasmo y alegría la próxima vez.

Los niños son iguales.

Mi hijo Benjamín, cuando tiene la mente puesta en hacer algo, es igual de implacable.

"Papi, ¿vienes a jugar conmigo?"

"Claro, Ben, dame un segundo para terminar de mecanografiar esto."

"Papi, ¿vienes a jugar conmigo ahorita?"

"Claro, Ben, dije que me dieras sólo un minuto."

"Papi, ¿ya pasó un minuto?"

Si alguna vez has preguntado, rogado, tratado de convencer, negociado, maniobrado o incluso manipulado el punto de vista de otra persona, estás dentro de las ventas. De hecho, si realmente disfrutas cuando ganas en ese tipo de situaciones, puedes tener más en común con nuestro amigo canino de lo que piensas y probablemente mucho más que aprender de él. ¡Quizá seas lo que yo llamo un "vendedor perro"!

La verdad es que la vida de un "vendedor perro" es una vida excelente.

Los "vendedores perros" campeones del mundo se encuentran entre los héroes corporativos más respetados, mejor pagados y más buscados de nuestra época. Sin ellos los negocios no podrían sobrevivir. Sin "vendedores perros" *excelentes*, los negocios no tendrían éxito. Casi todos los grandes líderes de negocios, empresarios exitosos y grandes inversionistas rastrean sus raíces y la esencia de su éxito en su entrenamiento de ventas y experiencia en ese terreno.

La habilidad de ir tras una presa y cazar con pasión, talento y habilidad es un regalo único y preciado. Sin duda, cuanto mejor seas para vender, convencer o negociar, más del mundo estará abierto para ti en términos de riqueza, oportunidades y buenas relaciones.

Las recompensas: grandes sumas de comisiones en efectivo, redes en constante expansión, elogios importantes y un estilo de vida libre y sin preocupaciones están disponibles para todos, tímidos y callados, sociables y amistosos o incluso técnicos e intelectuales; no importa si estás en las ventas corporativas, en una red de mercadeo o en ventas individuales como bienes raíces, seguros o menudeo.

La clave del éxito no es copiar las aptitudes de otros, sino aprender a explotar tus propios talentos únicos. Así que primero debes identificar tu raza. En los siguientes capítulos destacaremos las características de cada tipo de can.

Cuando sepas a qué tipo perteneces, podrás generar cientos de miles de dólares en efectivo para crear el estilo de vida que deseas. Aprenderás cuáles son tus fortalezas naturales y a convertirlas en resultados positivos para ti. También estarás en condiciones de identificar tus puntos débiles y evitarlos o compensarlos para generar un "sí" como respuesta en todos los aspectos de tu vida. Si eliges aprender los hábitos de los grandes "vendedores perros", podrás conseguir cuanta riqueza desees.

Y como las ventas pueden ser un deporte en equipo, tu
habilidad para identificar talentos y razas en quienes te rodean tendrá un enorme impacto en tus posibilidades de alcanzar el éxito. Todas las personas que están en contacto
con tus prospectos son parte de tu equipo. Seas gerente de
ventas o miembro del equipo, si identificas las razas de tus
colegas tendrás una herramienta extremadamente valiosa.

Aprenderás cómo comprender mejor a quienes te rodean y
cómo traducir ese conocimiento en resultados asombrosos.

Precaución: ¡No todo el mundo es un perro! No se trata
de gatos, caballos o pájaros. Si eres un perro, debes ser capaz de cazar. Yo no puedo hablar por otras especies. ¿Muy
adentro, sospechas que hay un poco de ímpetu canino?

¿Sigues dudando de si eres un "vendedor perro"? Hazte
las siguientes preguntas:

- ¿Sientes "emoción" cuando un prospecto te dice "sí"?
- ¿A veces la "cacería" es mejor que la recompensa?
- ¿Sacrificarías un poco de tu comisión por fama, elogios
  o reconocimiento adicionales?
- ¿Tienes una veta de tenacidad natural en ti?
- ¿Tienes debilidad por una buena historia?
- ¿Tiendes a tratar de convencer a otros?
- ¿Te parece que cuando estás hablando en un grupo so-
  bre algo en lo que estás interesado, tu voz se hace más
  fuerte y de manera natural eres más dramático?
- ¿Experimentas diversos rangos de emociones al verte
  mentalmente como leyenda o completo fracaso?
- ¿A veces te diviertes "observando a la gente"?
- ¿Pasas tiempo tratando de descubrir la psicología de
  otras personas?
- ¿Te gusta ganar?

Si respondiste "sí" por lo menos a algunas de estas preguntas, puedes ser un verdadero "vendedor perro" con el potencial de hacer toneladas de dinero. Simplemente es cuestión de saber cuál es tu raza, aprender lo mejor de las demás y seguir el ejemplo simple pero poderoso del satisfecho can que justo en este momento se encuentra en la esquina de tu cocina.

Todos los perros pueden cazar, vender y ganar; no obstante, algunos lo lograrán y otros no. ¿Estás listo para aprender lo que se necesita para "ir detrás de la vara y traerla de regreso"?

Déjame darte un ejemplo de un "vendedor perro" campeón. No hubo magia o truco, vendía un servicio que no tenía nada extraordinario respecto de la competencia. Su única diferencia es que era un "vendedor perro".

Durante años vendió seguros de gastos médicos en Austin, Texas. Como gerente de cuenta buscaba nuevos negocios que necesitaran seguros médicos para sus empleados. Llegó a una pequeña oficina donde se podía ver aproximadamente a una docena de personas yendo y viniendo con prisa ensamblando computadoras personales. Había mesas llenas de circuitos y cajas por todas partes. Pidió ver al dueño y lo llevaron ante un joven de veinte años que que trabajaba en una mesa. Resultó que ese joven acababa de dejar la Universidad de Texas y decidió crear su propia compañía de ensamblaje de computadoras personales. Mi amigo, el vendedor perro, tuvo una corazonada respecto de la visión de ese chico y la empresa que deseaba construir. El problema era que la compañía de seguros del vendedor perro no hacía pólizas por menos de 50 empleados. Nuestro joven gurú de las computadoras tenía sólo dieciséis. Para mi amigo, la plática real de ventas debía comenzar. Acudió a su gerente, la organización y todos los lugares donde pudo para librarse de esa regla que rompía con el trato. Su jefe dijo que no, ¡pero para un verdadero vendedor perro eso significa "sigue adelante"! Mediante una venta impetuosa y tras romper unas cuantas reglas, pudo asegurar el negocio. ¡En un año, ese pequeño negocio pasó de dieciséis empleados a 500! El chico detrás de la mesa era Michael Dell y su compañía ahora es legendaria.

Se trata de una lección invaluable: para ser un excelente "vendedor perro" a veces hay que brincar algunas bardas para alcanzar la meta. Debes estar dispuesto a romper reglas, sacrificar unas cuantas vacas sagradas para conseguir los mejores contratos. Muchas veces eso significa que la venta más difícil es a tu propio equipo o compañía. Si agrega valor a todos los involucrados y es legal, ético y moral, no te acobardes después del primer "no".

Sin embargo, la mejor parte de esta historia es que mi amigo perdió el negocio a manos de otra aseguradora grande, poco después de que Dell tuvo 500 empleados. El día que lo perdió, comenzó de nuevo su ciclo de ventas. Un verdadero "vendedor perro" nunca renuncia. Parecía que no podía conseguir una cita ni la atención de nadie en Dell. Se puso el sombrero de detective del basset hound y comenzó a investigar como loco. En un reporte anual de Dell, encontró el nombre de un miembro de la junta directiva que también era gerente de alto nivel en su compañía. Mi amigo llamó por teléfono a su superior para rastrear esa pista. Después de muchas llamadas, cartas e intentos, logró que ese gerente aceptara darle una recomendación para el comprador clave de Dell. ¿Consiguió el negocio? No. El sujeto le dijo que estaba satisfecho y no pensaba cambiar. Nuestro amigo "vendedor perro" comenzó lo que se convertiría en un largo proceso para establecer una relación con ese individuo. Lo invitó a eventos deportivos y de caridad, le proporcionó un constante flujo de información oportuna, que no necesariamente promovía la compañía de nuestro amigo pero que era útil para que la persona de Dell se mantuviera al tanto de las cambiantes exigencias de la industria de seguros en una empresa en crecimiento. Creó la frecuencia de la que hablaremos más adelante. Acuerdo tras acuerdo tras acuerdo. Sirviendo, sirviendo y sirviendo un poco más. Creó así una relación verdaderamente estrecha con ese individuo, hasta que un día el competidor tropezó. Hubo una llamada telefónica, se intercambiaron unas cuantas palabras y nuestro vendedor perro y su firma regresaron. En ese momento, Dell contaba con mil 500 empleados.

Cuando mi amigo dejó esa empresa para trabajar como jefe de ventas y mercadotecnia en otra aseguradora, Dell ya tenía más de 15 mil empleados. (¡Jugosos cheques de comisiones!)

Mi amigo aprendió al final su lección de retriever. Dijo: "No había forma de que volviera a perder esa cuenta. Me aseguré de orinar en todos los rincones de la compañía Dell para conservar ese territorio". En realidad no se orinó ahí, pero hizo aliados en todos los departamentos. Se aseguró de que las personas clave en Dell conocieran su nuevo plan de salud y de que siempre los visitara alguien para que entendieran sus beneficios, cómo procesar sus quejas y manejar cualquier problema que se presentara. Esto era algo constante.

Mi amigo se llama Herman y ha tenido mucho éxito en los seguros de gastos médicos. Le pregunté si podía resumir las lecciones aprendidas. Sonrió y dijo:

1. "A veces debes romper las reglas." Cuando la compañía dijo que no podía venderle a una empresa con menos de

50 empleados, comenzó la venta real. ¡Si vas a servirle al cliente, haz las cosas adecuadas!

2. "No existe algo que se llame falta de contactos." Siempre alguien conoce a alguien que puede ponerte en la puerta. Si pasas unas cuantas horas en el teléfono, no hay nadie en el mundo a quien no puedas llegar mediante otra persona. Analiza reportes anuales, periódicos, artículos, internet ¡y haz tu investigación de mercado!

3. "La mayor debilidad de tu competencia es cuando cierras un trato." Él supo que al perder esa cuenta, era el momento en que más complaciente se sentía su competencia. No sabían en qué estaba él o cómo se había infiltrado en el sitio del cliente mediante frecuencia, información y servicio. Cuando pierdes un trato, eso significa que un nuevo juego ha comenzado.

2

¿Por qué vendedores perros?
(Vendedores perros y vendedores)

Se ha dicho que a veces los amos tienen una extraña semejanza con sus perros. Y un rápido paseo en el parque con frecuencia dará un jocoso testimonio de esa teoría. Esto se vuelve aterrador cuando empiezas a hablar con algunos dueños y descubres que las similitudes van más allá de las quijadas colgadas del bulldog o la nariz chata del pequinés.

No estoy seguro de si el perro toma la personalidad del amo o, al revés, éste toma la del perro. Tal vez cada uno tiene algo de inclinación "animal" hacia el otro, como los tipos machos amantes del control y el orden que atraen a dobermans intensos o el amoroso y efusivo golden retriever, cuyos adorables dueños harían cualquier cosa por los demás. Sea cual sea la razón, estoy seguro de que en alguna parte del mundo un equipo de especialistas en comportamiento animal y humano está buscando fervientemente una prueba clínica de esta teoría. Sin embargo, la verdad es que no importa mucho. Lo evidente es que a menudo puedes saber

LOS PERROS SUELEN PARECERSE MUCHO A
SUS AMOS

mucho de un perro si conoces la raza a la cual pertenece, pues cada una tiene personalidades y rasgos específicos.

Hay un gran hueso de oro macizo esperando ser desenterrado y disfrutado por el vendedor, gerente de ventas, dueño de negocio, empresario o mercadólogo en red que entienda esos rasgos. Comprende la dinámica del mundo canino y estarás vendiendo con la precisión y tenacidad de un excelente perro de caza.

El error más importante de los vendedores o gerentes es creer que hay un conjunto particular de características o rasgos que todos los vendedores deben tener para ser exitosos. Su búsqueda frenética y desviada del Santo Grial que es el éxito en ventas a menudo los lleva por un camino de frustración y envidia.

Aunque trabajar por ser mejores es una búsqueda noble y necesaria, copiar los rasgos del "vendedor perfecto" es inútil y devastador para el espíritu. En cambio, debes encontrar y desarrollar al "excelente vendedor" que llevas dentro. Vendedores y gerentes primero necesitan identificar y entender su propia raza y luego las de quienes los rodean. Con este conocimiento aprovechan sus puntos fuertes y personalidades, y las de quienes conforman su equipo. De esa manera el gerente puede enviar al can indicado para cazar a la presa adecuada.

Por ejemplo, no apostarías tu dinero a un San Bernardo en una carrera de galgos. Pero, si estuvieras varado en una montaña con el trasero congelado, ¿a cuál preferirías ver? Dentro del proceso de ventas, necesitas ponerte a ti y a los miembros de tu equipo en papeles para los cuales nacieron.

A muchas personas les parecerá que comparar vendedores y perros es francamente ofensivo. Sin embargo, afirmo que quien descubre cómo hacer dinero ofreciendo o vendiendo algo, en algún nivel es un perro. Los vendedores parecen tener el don de regresar por más y nunca rendirse ante la adversidad.

Piénsalo…

- ¿Quién es el mejor amigo del hombre?
- ¿Cuál es la mascota más fiel que puedes tener?
- ¿Quién te defendería hasta el final?
- ¿Qué animal soportaría casi cualquier cosa por una palmadita en la cabeza?
- ¿Quién permanecería sentado a tu lado en los buenos y malos tiempos?
- ¿Quién te ve como si fueras un dios, cuando los demás piensan que estás loco?
- ¿Quién te ama sin importar nada?
- ¿A quién le encanta ir tras una varita?
- ¿A quién le encanta rastrear un olor?
- ¿Quién puede sacudirse la adversidad y regresar por más?

¡Estás en lo correcto! ¡Podría ser un perro o un vendedor!

Tengo un amigo en Sydney con una firma de colocación de ejecutivos. (Está bien, ¡es *headhunter*!) Él y su socio han trabajado durante muchos meses para conseguir una enorme cuenta en la petroquímica. Han hablado y hecho presentaciones y más presentaciones. Han hecho concesiones y arreglos y, aunque muchas veces los han rechazado y les han dicho que "lo olviden", en un verdadero estilo Aussi no iban a darse por vencidos sin luchar.

Incluso cuando el destino estuvo en su contra, siguieron adelante. Durante una presentación ante el director ejecutivo de la firma, uno de ellos estaba en mitad de un argumento decisivo escrito en un rotafolios cuando una de las patas del mueble comenzó a tambalearse. Cuando el rotafolios cayó, mi amigo también, pues estaba recargado en

él y a mitad de una oración. Impávido, nunca dejó de hablar e incluso en posición horizontal, todavía abrazado al rotafolios, siguió su explicación. No se rindió en ningún momento. Se portó como un perro necio que no está dispuesto a que lo hagan a un lado, le digan que se eche o a renunciar a ir tras la varita.

Mi otro amigo y el director ejecutivo se reían tanto que nunca escucharon el argumento que el vendedor buscaba aclarar de manera tan apasionada. Rompió el hielo gracias a su tenacidad y a la imprevista comedia que se sucedió. Y cuando finalmente se levantó el director ejecutivo dijo: "Está bien, está bien, ¡si tanto lo quieres, lo conseguiste!"

Es simple: vender es convencer a otros para que lleven a cabo algo que no necesariamente se sentían inclinados a hacer antes. Podrías decir que lo mismo es cierto respecto del liderazgo, la paternidad, la motivación o la negociación. Todas son acciones que requieren habilidades para vender.

Los perros pueden ser excelentes campeones, cazadores y compañeros. No obstante, por leales y listos que puedan ser requieren mucho mantenimiento. Si no estás ahí para alimentarlos, darles agua o cepillarlos con regularidad, pueden volverse malos o indomables, incluso deshacerte la casa cuando te vayas. Los vendedores pueden ser iguales si no se entrenan adecuadamente.

Me había resistido a tener perro en los últimos años debido a mi increíble agenda de viajes. Me parecía injusto para el perro. No obstante, en algún momento a la mitad de este libro, mi hijo de cuatro años finalmente me convenció de comprar uno. ¡Desearía haberlo tenido antes de dirigir un grupo de vendedores! ¡El entrenamiento es casi el mismo!

Una vez entrenados adecuadamente, los perros pueden cazar con asombrosa precisión. No obstante, hasta que estén entrenados se necesitará una correa, mucha paciencia y, por lo general, un guante de plástico o recogedor especial para limpiar por ellos. Incluso los buenos harán desastres al principio. Su entusiasmo temprano puede ser difícil de disciplinar, pero si se maneja bien será capaz de producir mucho en ventas y comisiones.

Vendedores perros es una metodología única para entender las razas de vendedores. Aunque es filosofía de entrenamiento, diseñada para ser entretenida y fácil de aprender, los conceptos detrás de ella son muy poderosos y se apoyan en muchos años de investigación y observación.

Lo que he descubierto a través de mis estudios es que hay cinco razas de "vendedores perros" y numerosas híbridas. Al comparar rasgos y características de vendedores con los de esas cinco razas, tenemos un método efectivo y fácil de entender y desarrollar para motivar mejor a nuestros equipos.

Un verdadero "vendedor perro" sabe que la educación y un buen entrenamiento significan tanto satisfacción como efectivo. Como "vendedor perro" siempre debes buscar las oportunidades que proporciona el mejor entrenamiento disponible... ¡no la mejor comisión! Muchos cachorros van tras el hueso equivocado.

Entré a trabajar a UNISYS hace años porque su entrenamiento era el mejor en el negocio. Muchos amigos se enrolaban en compañías como XEROX, IBM y AMWAY: en esos días su entrenamiento era el mejor. Hoy en día todos son dueños de negocios y valen millones. Cuando te enseñan adecuadamente, ¡el dinero es tuyo vayas adonde vayas!

Pronto aprenderás cómo identificar el tipo de perro que eres, los de tu jauría y cómo entrenarlos para maximizar los atributos de su raza.

El primer paso es determinar tu habilidad innata y la de los miembros de tu equipo para vender. Para ahorrar tiempo de ventas valioso, recursos de entrenamiento y decepción en ambos lados, la Prueba de Aptitudes de Vendedores Perros te proporciona herramientas para predecir tu éxito y el de tu jauría, incluso antes del primer día de entrenamiento en obediencia. Esta prueba determinará si tienes la mentalidad adecuada para tener éxito en las ventas. Más adelante hablaremos al respecto.

¿Y qué ocurre si tienes la mentalidad equivocada? ¡Puedes cambiarla con la misma velocidad con que haces la prueba! Diez minutos de entrenamiento determinan la habilidad de vender o no. Y con tan sólo cinco herramientas y cuatro actitudes críticas estarás en camino del éxito y la prosperidad en un abrir y cerrar de ojos.

La buena noticia es que casi cualquier perro puede cazar: los procesos y procedimientos son simples y pueden generar toneladas de efectivo tanto para el perro como para el entrenador inteligentes.

Para quienes se sientan ofendidos ante la posibilidad de que se les compare con un perro, ¡la analogía es un cumplido por completo! A veces eres luchador, amante, juguetón o sereno. Vives la vida al límite, sin desperdiciar tiempo (¡y puede que lo desperdicies!). Nunca has visto a dos perros intercambiando números telefónicos... ¡viven el momento presente!

Vender es divertido, rápido y emocionante. Piénsalo. Algunos vendedores parecen, actúan y, a veces tras una salida nocturna, hasta huelen como perros. Algunos pueden seguir el rastro de un prospecto como un excelente cazador y otros perseguir y capturar a la presa más escurridiza.

Entonces, ¿cuál eres tú?

3

¿Cómo identificar la raza?

La metodología de los vendedores perros funciona donde haya una transacción de ventas. Cada día, incluso cada hora, vendemos algo a nuestros jefes y vecinos, en nuestras relaciones. Desde preguntas como: "¿Qué hay de un aumento?", hasta: "¿Qué vamos a ver en la televisión esta noche?", en todo momento tienen lugar transacciones de ventas.

Aunque existen más de 400 razas distintas de perros, en el mundo de las ventas sólo hay cinco. La pregunta es a cuál de ellas perteneces. ¿A cuál pertenece tu jefe? Si eres entrenador de perros (gerente), ¿qué tipo de canes tienes en tu jauría? Si trabajas en mercadotecnia de multinivel, ¿qué razas están ladrando más fuerte en tu mismo nivel?

Con esto en mente, ¿con qué tipo de perro te casaste? ¡Saber la respuesta a esa pregunta y manejarla a tu favor podría ser la clave para una vida entera de dicha!

En cuanto eres capaz de identificar razas en las personas, el juego de las ventas se vuelve mucho más fácil y tu habilidad para olfatear lo que debes hacer y decir se vuelve secundaria. Saber cuál es tu propia raza te permitirá aprovechar de inmediato tus puntos fuertes y cerrar más tratos. Te dará guía y sabiduría con respecto a cómo abordar el ciclo de ventas completo. ¡Por no mencionar la paz mental al saber que puedes llegar a la cima siendo exactamente como eres!

Verás un cambio en tu forma de desarrollar ventajas, perseguir prospectos, hacer presentaciones y cerrar tratos. En lugar de aprender la "mejor forma", aprenderás "la mejor forma para tu raza". También serás capaz de evitar los "callejones oscuros de las ventas", terreno poco familiar y desventajoso. Podrás mantener bajo control el entorno y siempre estarás en tu mejor camino.

Como vendedor perro o entrenador de perros, saber cuál es la raza de tus prospectos te dará una ventaja excepcional. En la cacería, las presas para perros pueden incluir patos, ardillas, osos, *frisbees* y pelotas de tenis. Para los vendedores perros, una presa puede ser una corporación grande, dueños de negocios, tu próximo distribuidor excepcional, ejecutivos y asistentes personales con poder para tomar decisiones. Diferentes perros son para conseguir diferentes presas. Poner al vendedor perro adecuado en el trabajo preciso será clave para tu éxito.

Los perros falderos pueden no ser ideales para detener toros de lidia furiosos, mientras perros de ataque que pelan los dientes y babean pueden matar de miedo a un ama de casa. ¿Cuál es tu objetivo y cuál tu conducta natural?

Como vendedor perro, a veces la elección de tu jauría se limita a quienes te van a tolerar. Muchos vendedores perros llegan a su jauría mediante donación, obligación y a veces por un proceso de eliminación. Algunos han sido rescatados de la perrera y suben abordo sólo porque alguien no pudo resistir los ojos tristes y suplicantes del perro solitario en la ventana.

La mayoría de los entrenadores de perros entran a una jauría repleta cuando están empezando. Adoptamos (o como algunos podrían decir, nos atoramos) a esa jauría de vendedores perros que tenemos. Pocos podemos darnos el lujo (o la paciencia) de reclutar y desarrollar de la nada nuestro equipo de ventas completo.

Incluso en esas raras ocasiones en que un vendedor perro ha sido evaluado, probado, entrevistado y analizado antes de ser contratado, no hay apuesta segura. Algunos vendedores perros simplemente son excelentes en las pruebas y para montar un espectáculo frente a los jueces. Con base en su entrevista, sientes que te acabas de agenciar un sabueso experto. Pero cuando llega el momento de desempeñarse en el campo, te das cuenta de que sólo tienes un perro de jardín.

Cuando entras por primera vez, inspeccionas a tus vendedores perros mientras merodean por el jardín. A algunos les está yendo bien por sí solos, mientras otros languidecen… en espera de un hueso. Un gran número sencillamente puede estar acurrucado en la esquina esperando que algo bueno suceda. Luego están los que apenas se sostienen y se la pasan rogando una caricia en la cabeza y otra oportunidad.

En cualquier caso, no tienes que limpiar la jauría para hacer progresos. Si entiendes cómo funcionan las distintas razas, puedes incrementar en porcentajes enormes la habilidad de cacería de tu equipo. Sí, incluso puedes convertir en perro con pedigrí a ese viejo Basset Hound que parece haber perdido la pista.

Aunque cada raza pura de vendedores perros es única, sí comparten algunos rasgos. La mayoría son compañeros excelentes, cada uno ofrece algo especial que permite pasar tiempo con ellos de modo agradable. Algunos te gustan porque te sientes cómodo en su compañía, otros te caen bien por su energía ilimitada. A veces, los vendedores perros pueden ser una molestia, en especial cuando aullan a la luna en actitud de triunfo, sufrimiento o anhelo. Por fortuna, ¡un zapato arrojado con destreza a menudo resuelve el problema!

Los vendedores perros tienen la habilidad de hacer amigos fácilmente. Hay pocas personas en el mundo a quienes no les interesa conocer, salvo quizá por otros vendedores perros (es una cuestión territorial). Debido a sus instintos caninos, tienen la habilidad de oler tratos en lugares en donde la mayoría de los mortales nunca podrían imaginar. Rastrean, olfatean, lamen, corren, ladran, lloriquean y ruegan. También pueden ser tus mejores amigos en tiempos de necesidad.

En el mundo de los vendedores perros sólo hay cinco razas con pedigrí: pit bull, golden retriever, poodle, chihuahueño y basset hound.

Sin embargo, también hay una amplia gama de cruzas. Así que, ¿a cuál perteneces? Sigue leyendo para encontrar rasgos y características de cada raza.

Pit bull

El vendedor más agresivo y acaso el más estereotipado es el pit bull (¡esta raza es responsable del conocido desagrado que causan los lotes de autos usados a algunas personas!). Sí, ya los conoces: atacarán cualquier cosa que tenga siquiera un remoto aroma a "Agua de Prospecto". Y atacarán con la misma ferocidad, agresividad y tenacidad con que inspiran y aterran. Lo único que necesitan es atrapar la valenciana de un pantalón y nunca la sueltan. Se vuelve un círculo vicioso de lucha tremenda de principio a fin. Manguerazos,

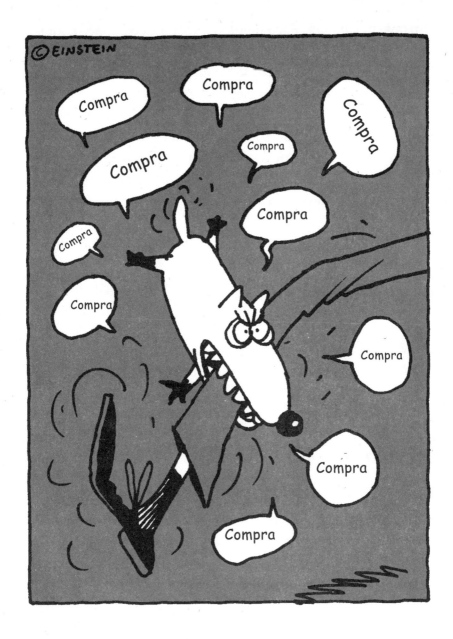

Pit bull

palos, ni siquiera Mace lograría impedir que ese perro logre su objetivo.

Si este vendedor perro tiene un sonido característico, es el que escuchas cuando caminas de regreso a casa por la noche y cruzas algún callejón oscuro y lleno de basura en el corazón de la ciudad. Es ese "grrrr" siniestro y bajo que resuena desde la oscuridad cerca de los botes de basura y, en un relampagueo repentino, ves los ojos amarillos que se entrecierran antes del ataque. ¡Ése es el pit bull y tú eres la cena!

Tengo un amigo, John, que trabaja en la competida arena de las ventas de máquinas de negocios en Canadá. Hace años, al salir de Toronto en coche, pasamos por un pueblo que acababa de ser devastado por tornados. Las casas literalmente estaban hechas pedazos, autos y camiones arrojados a un lado como juguetes, árboles astillados se venían abajo y la ola de destrucción se extendía hasta donde llegaba la vista. En realidad, me sentía mal por las pobres víctimas de esa devastación cuando mi amigo John, que estaba al volante, simplemente sonrió y dijo en voz baja: "¿Ves eso? ¡Eso es lo que le pasó a la última persona que me dijo 'no'"! Él es un pit bull.

Si un pit bull lleva consigo un teléfono celular (que probablemente está perdido o no tiene pila) sólo es para poder llamar a la mayor cantidad de prospectos mientras maneja del punto A al punto B.

A esa raza debes arrojarle carne constantemente, ¡y no es necesario que sean cortes de primera! Sacúdela frente a ellos, hazlos entrar en frenesí y arrójala al mercado. Conseguirán algo, es seguro. Sin embargo, mantente tranquilo sabiendo que recibirás llamadas de prospectos y vecinos aterrorizados e incluso pueden pedirte que amarres a esa bestia bajo pena de ley. No los envíes a fiestas de coctel sin bozales, cadenas de castigo y sedantes. Pensándolo bien, mándalos a una cantina... no a una fiesta. Hay dos herramientas esenciales al entrenar a un pit bull: carne cruda y una pistola.

Su éxito viene por completo de fuerza y temeridad. Harán más llamadas, contestarán de manera satisfactoria más negativas y venderán más que cualquier otra raza, incluso cuando deberían retirarse. La adversidad no es más que una llamada para despertar. Cerrar tratos y manejar objeciones es pan comido para este campeón.

Sin embargo, necesitarás revisar de cerca su territorio. Lo que tienen de ventaja en agresividad puede que les falte en tacto y estrategia. Los pit bull pueden ser muy ricos o estar muy frustrados y el entrenamiento es la clave.

Golden retriever

Es la raza favorita de todo el mundo. Esas bolas peludas de amor que babean, esos ojos saltarines, harán cualquier cosa por alguien dispuesto a acariciarlas. Saltarán a ríos congelados para ir tras varas podridas, jugarán en posición central para el equipo de *softball* de tu hijo y, sí, hasta se dice que son capaces de sacar una cerveza del refrigerador.

Son los vendedores que se sientan atentos y se deshacen en sonrisas en espera de la siguiente orden de sus prospectos. Permanecerán ahí sentados con eterno optimismo, esperando que suene el teléfono, deseando en sus adentros que su prospecto todavía los quiera. Se ganan a sus clientes corriendo detrás de cualquier cosa que el prospecto les lance.

Perseguirán cualquier pelota, harán cualquier favor y hasta caravanas para complacer al prospecto. De hecho, se sienten insultados cuando les hablas en términos de "ventas".

Para el retriever, el servicio al cliente lo es todo. Operan con la creencia de que cuanto más des a tus prospectos, más te querrán y, al final, más te comprarán. De hecho, ruegan por la oportunidad de hacer favores al cliente.

Una amiga muy querida vende bienes raíces en Denver. Es muy talentosa: lista, extremadamente cuidadosa y un retriever de hueso colorado. Cuando le pregunté cuál era la clave de sus buenas ventas, sufrió una metamorfosis ante mis ojos. Se volvió hacia mí con sus grandes ojos cafés y me empezó a hablar con tonos tranquilizantes. Claramente imaginé que su voz sonaba como el sollozo del golden retriever que te busca para que le hagas una caricia en la cabeza. Simplemente dijo: "¡Les das todo lo que quieran!"

A ella la abrumaban las estrategias de "buscar y destruir" del pit bull. Estaba convencida de que si eres lo suficientemente bueno con los prospectos y sigues sirviéndoles, el teléfono nunca dejará de sonar. Ni siquiera podía considerar otra forma de vender, ni debía hacerlo… ¡funcionaba!

Los retriever siempre tienen su celular encendido, con la batería completamente cargada, 24 horas al día. Incluso tienen algunas baterías de repuesto, completamente cargadas, almacenadas por ahí… sólo por si aca-

Golden retriever

so. Para ellos sería imperdonable estar fuera de contacto con su cliente en un momento de necesidad.

La principal herramienta de venta del retriever es proporcionar un extraordinario servicio al cliente. (¡Sólo asegúrate de que recuerden tratar de vender algo de vez en cuando!) Los retriever sabios tienen éxito porque saben que si continuamente cuidan a los prospectos, clientes y miembros de su equipo las cifras crecerán y crecerán. Su atención al servicio a largo plazo es el motor de su éxito.

Poodle

Se halla en un lado más sofisticado de las ventas. Son muy inteligentes, aunque viven un poco tensos y muy conscientes de verse de maravilla.

Sea que tenga fundamento en la realidad o sólo esté en su cabeza, los vendedores perros de este tipo viven y trabajan en un mundo de clase y *glamour*. Juzgan a la gente por las apariencias, a sus prospectos por el auto que tienen y pasan más tiempo en el centro comercial que en sus escritorios.

Usan trajes italianos, zapatos negros de ante o tacones de aguja, collares de doscientos dólares o perlas costosas y conducen automóviles que les encanta estacionar a los del *valet parking*.

Aunque no siempre pueden pagar una vida de lujos, ven todas sus compras como herramientas absolutamente necesarias para el negocio. El poodle prefiere reportarse enfermo a tomar el transporte público o aparecerse mal peinado.

¡El poodle se pavonea! Mientras otros perros patrullan, recorren y ruedan por sus territorios, el poodle se mueve con alarde y en ocasiones dirige su mirada brillante hacia ti en un inconfundible reconocimiento de clase. Están increíblemente bien conectados y es probable que tengan la red más extensa y exclusiva de cualquiera de las razas. ¡Saben quién es quién y quieren que tú lo sepas!

Aunque la mayoría de los perros ladran y lloriquean, el poodle habla en tono distinguido y con clase. En una reunión de otros perros o prospectos, siempre puedes encontrar al poodle entre el tintineo de las copas de vino, mostrándose dueño del terreno con comentarios que garantizan ingenio, sabiduría e incluso humor negro. Les encanta hablar a grupos y ser el centro de atención. De hecho, el discurso de ventas del poodle a menudo se da en un estilo y desenvoltura tales, que incluso los que no tienen ni pizca de información real pueden sonar visionarios.

Los poodle funcionan de manera fluida; viven en el carril de alta. Las últimas tendencias, los artefactos más nuevos y las fiestas más intensas son parte de su estilo de vida. Si la apariencia y la primera impresión le importan a un prospecto, el poodle es el can que se lleva el premio.

Esta raza de vendedores perros constantemente busca formas de llegar al mayor número de personas en la forma más simple. *El poodle es el mejor perro de mercadotecnia.* Sus habilidades para vender y articular un mensaje pueden hacer que ganen cuantiosas sumas de dinero.

Los poodle son excelentes para vender artículos de altos vuelos, cuando desde su postura imponente impresionan a los clientes. ¡Pero no les pidas que rescaten a un pato que se haya caído en el pantano, salten a un río frío o se encuentren en un callejón oscuro en una parte desagradable de la ciudad! Estarán socializando en círculos más "civilizados".

Debido a lo fácil que es entrenarlos y a su deseo natural por ser el centro de atención, durante siglos han sido una de las atracciones favoritas en los circos. Los vendedores perros de esta raza también son el alma de la fiesta, así como líderes de campeonatos. Se graduaron de preparatoria con títulos como "el más atractivo" o "el más popular". Algunos incluso consiguieron el título de "el que tiene más probabilidades de tener éxito".

Tengo un amigo en Tucson a quien me encuentro en reuniones de ventas en todo el país. Tenía un 911 Targa, conseguía asientos en la cancha para que sus mejores clientes asistieran a los juegos de basquetbol de los Soles de Phoenix, usaba trajes diseñados por Zegna para esa temporada y afirmaba tener un pequeño harén de mujeres que desfallecían por él. (Esto resultó ser una exageración... pues los poodle están acostumbrados a exagerar.)

A pesar de no haber dormido nada la noche anterior y cargando la cruda por el vino, solía entrar a la oficina filial luciendo impecable.

Los prospectos lo adoraban y les encantaba estar asociados con él. Y para él nunca hubo escasez de prospectos. Siempre trabajaba simultáneamente y con mucha habilidad cientos de esquemas que le generaban grandes cantidades de dinero.

Poodle

El tipo definitivamente era una leyenda en sus propios términos y su poder de persuasión era impresionante. Una vez, en una conferencia de ventas en Chicago, me convenció de unirme a él para una "noche memorable" en la ciudad. Sabía cómo sería, pero de todas maneras fui.

Sí fue memorable. Gasté algunos cientos de dólares en alcohol y con trabajos logré llegar a la conferencia inaugural a la mañana siguiente. Estaba hecho una ruina. Él se veía como si acabara de salir de una película de James Bond. Era 007 y yo el Inspector Clouseau.

Los poodle nacen con teléfonos celulares en las manos. Confían en ellos para saber siempre qué está pasando. Además, para los poodle, tener por lo menos un teléfono celular pegado a la oreja es un símbolo importante de éxito.

Chihuahueños

Añaden una nueva dimensión a la jauría de ventas. Nunca debe subestimarse la contribución que esta raza hace a las ventas. Hagas lo que hagas, no te dejes engañar por su tamaño pequeño.

Esos vendedores perros por lo general son increíblemente brillantes. Quienes tienen a estos cohetes de bolsillo los adoran. Son magos de la tecnología y probablemente la más intensa de todas las razas.

Esos vendedores perros tienen que ser cuidadosos cuando se emocionan, porque si nadie los supervisa hablan sin parar y su aguda "perorata" puede ocasionarle dolor de cabeza a todo el mundo. Esos vendedores perros pueden verse como si estuvieran funcionando con demasiada adrenalina, cafeína o gran velocidad.

Los chihuahueños a menudo están muy tensos, simplemente porque sus cuerpos son pequeños y hay demasiadas cosas sucediendo en su cerebro. Por lo general no son los mejores perros falderos. No son tan buenos para los apapachos ni son conocidos por su don de gente, pero su pasión, conocimiento del producto y comprensión de los procesos no tienen igual.

Esos individuos hiperactivos y conectados son implacables en su búsqueda de conocimiento. Sus ojos saltones testimonian su fanático acercamiento a la investigación. Los chihuahueños pueden desvelarse mejor que cualquier otra raza. Mientras el resto de los perros se encuentran dormidos acurrucados, el chihuahueño pasa de un sitio de internet a otro, revisa página tras página de reportes anuales, compilando datos suficientes, estadísticas e información para responder cualquier queja concebible que pueda conocer un ser humano.

Mientras algunos perros de otras razas necesitan ejercicio físico para mantenerse saludables, los chihuahueños requieren ejercicio mental. El poder de su cerebro es sorprendente.

Por cierto, no cometas el error de hacer que un chihuahueño empiece a hablar de un tema que le apasiona. Divagará durante horas. De hecho, no sólo hablará, sino que gritará, chillará, delirará y desvariará a mil kilómetros por hora. Los prospectos no pueden evitar verse atraídos por la increíble exhibición de pasión, intelecto y un arsenal de evidencia irrefutable. ¡Incluso cuando no tienen ni idea de lo que el chihuahueño está diciendo!

Hace años, en UNISYS, me hice buen amigo de un chihuahueño llamado Brian. Mientras lo mantuvieras abastecido de *pizza* y Coca Cola, podía investigar cualquier cosa sin

Chihuahueño

parar. Puedo recordar fielmente haber colaborado con él para preparar la demostración de una computadora para un prospecto. Yo no pude más a las diez de la noche y me fui a casa. Brian estaba empezando a agarrar ritmo. Trabajó toda la noche y en el proceso descubrió nuevas características del programa que ni siquiera sus creadores sabían que eran posibles.

A la mañana siguiente en la demostración (simplemente fue al baño a lavarse los dientes antes de empezar) deslumbró al asistente técnico del prospecto (otro chihuahueño con lentes) con una descarga de *bits*, *bytes*, *rams* y términos técnicos. Estaba ladrando tan rápido que el encargado de tomar la decisión y yo estábamos perdidos y a punto de una buena migraña. Salimos por una taza de café y dejamos a los dos chihuahueños ladrando. Dos horas después, seguían en lo mismo. El resultado final de ese loco intercambio de información y detalles técnicos fue que nuestro chihuahueño los impresionó hasta ganar su confianza respecto a nuestra habilidad para distribuir.

Mientras los pit bull establecen el contacto inicial y los poodle causan impacto, los chihuahueños son absolutamente esenciales para presentar la prueba.

El fundador de una de las compañías internacionales de bienes raíces con mayor éxito que he encontrado tiene una verdadera historia de éxito. Su equipo jura que es un chihuahueño de todo a todo. Su inteligencia no tiene igual. Conoce el mercado al derecho y al revés. Su pasión es infinita. En una reciente conferencia de ventas con sus 500 agentes, subió al escenario para hacer una introducción de cinco minutos. Media hora después se había embarcado en un frenesí tan apasionado que todo el mundo estaba boquiabierto.

Parecía que nunca tomaba aire y, no obstante, cuando terminó, hubieras podido escuchar el sonido de un alfiler al caer. No puedo decir qué fue lo que dijo por lo rápido y furioso que habló, pero definitivamente me sentí inspirado. ¡Él inspira sólo con su pasión!

Ten cuidado con los chihuahueños en tu equipo. Son muy brillantes pero (quizá debido a ia cafeína y la falta de sueño) pueden ser muy sentidos y en ocasiones paranoicos si no se les trata con cuidado. La docilidad no está dentro de su vocabulario. Mientras otras razas tienen los artículos de moda o los equipos deportivos más recientes, los chihuahueños prefieren el equipo electrónico más actualizado, como por ejemplo una palm inalámbrica que les permite trabajar la información desde cualquier sitio.

Yo, por mi parte, nunca he sentido ganas de apapachar a un chihuahueño, pero los respeto y entiendo que son absolutamente esenciales para ciclos de ventas sofisticados.

Basset hound

El clásico de los clásicos es el viejo y fiel basset hound. Con su ceño arrugado y sus orejas gachas es difícil resistirlo.

Los vendedores perros de esta raza son como sus contrapartes caninas en cuanto a personalidad si no es que en cuanto a apariencia. Este compañero de ojos tristes se quedará contigo en las buenas y en las malas. Puedes intentar alejarlo, regañarlo y amenazarlo, pero él simplemente se echará y lo soportará. Minutos más tarde regresará humildemente adonde estás, mirándote con esos ojos tristes y rogando que lo perdones. Los basset nunca se turban ni estresan; son constantes y confiables.

Me divierto en particular con el basset hound porque es la raza con la que más me identifico. Esos vendedores perros no parecen tener mucha clase ni *glamour* y rara vez rezuman pasión o confianza. Pero de todas las razas, su capacidad para construir relaciones fuertes, leales y duraderas mediante el contacto con su personalidad es sorprendente.

Rara vez gasta más energía de la que necesita. Los basset hound no ladran a menudo, pero lloran y aúllan mucho, sobre todo cuando se trata de suplicar... ¡es su especialidad!

Sin importar qué edad tengan los basset hound, siempre se ven maduros. El ejercicio requiere demasiado esfuerzo, así que sus cuerpos suaves a menudo toman la forma de pinos de boliche. Son los más desaliñados y no tienen tiempo ni ambición para preocuparse por las tendencias de la moda.

Su auto y escritorio están llenos de basura: viejas tarjetas de presentación, objetos desgastados. El vendedor perro de esta raza siempre busca un hueso, pero se siente feliz si le regalan las migajas más insignificantes. Cuando venden, tienen ese enfoque humilde, en ocasiones servil, diseñado genéticamente para lanzar una flecha de compasión directo a tu corazón. Si su mirada patética no te gana y rogar no funciona... ¡cuidado! Puede que estés a punto de experimentar el Plan B: de su cartera caerá al piso un acordeón de fotos familiares y escucharás historias de frenos, bicicletas y cuentas por pagar. No se detendrán ante nada para obtener una migaja de compasión.

Su tenacidad sólo rivaliza con la del pit bull: la persistencia es su carta más fuerte. Nunca se desaniman cuando los rechazan o no contestan sus llamadas telefónicas y les azotan la puerta en la cara. Esta raza no conoce la renuncia. Su habilidad para insistir, molestar, lisonjear o incluso rogar es legendaria y se sabe que ha eliminado hasta las objeciones más rígidas. "¡Está bien, está bien! Lo que sea, si te quitas de encima", grita el prospecto, "¿dónde firmo?"

Los basset hound maltratados no son tímidos cuando se trata de lloriquear sobre por qué el mundo los ha tratado tan injustamente. Sólo verlos en la esquina y dirigiéndose hacia ti en el pasillo a veces basta para tensarte, pero no te confundas. Los basset hound son poderosos aliados. Pueden ser extremadamente leales a sus amos, así como a sus prospectos y clientes. Ese talento para crear relaciones y su conducta confiable pueden hacer que ganen mucho dinero con el tiempo.

Ojos tristes

Plato para limosna

POR FAVOR

Tarjetas de presentación viejas

Basset Hound

No esperes nunca que los poodle salgan con los hound: ser visto en público con el basset pondría en riesgo la imagen del poodle.

En cuanto a teléfonos celulares, puede que te digan que no pueden darse el lujo de tener uno. Y luego escucharás sobre hijos, costos de los campamentos de verano, crimen en la ciudad, clases de ballet y autos que se descomponen...

A pesar del rostro lúgubre de esta raza, son excelentes perros de cacería. Se sabe que son capaces de rastrear el aroma más leve en varios kilómetros de terreno difícil.

Su sorprendente capacidad para seguir un aroma, combinada con su intensa forma de "mirarte a los ojos", lo hacen un miembro valioso de la jauría. Nunca subestimes la apariencia de tu vendedor perro de esta raza. Tienen una habilidad increíble para olfatear tratos y ganar corazones donde otros fracasan.

4

Grandes perros

¡Y además está el perrazo!

En el mundo de los vendedores perros existe una categoría única que ronda la perrera con andar distintivo. ¡El Gran Perro no es una raza sino un estado mental! Sólo se necesita un trato importante para crear un perrazo.

Imagínate a John Wayne o a Clint Eastwood con cuatro patas y cola y tendrás un perrazo. Un Gran Perro intrépido y gran apostador es una leyenda en su hora del almuerzo. No obstante, ese mismo alarde y completa seguridad en sí mismo lo mantiene vivo en las épocas de sequía, que pueden ser muy secas y largas. A diferencia de otros canes, que sobreviven con sobras, el Gran Perro sólo come carne de primera. Primero muerto a que lo vean escurrirse por un basurero.

Los perros de este tipo sólo rondan donde el escenario es grande, las luces brillan y hay una multitud enorme. No se molestan en ventas de multinivel a menos que puedan comenzar en lo más alto, porque sólo tienen tiempo para los principales encargados de tomar decisiones. No tienen ningún problema en saltarse a los asistentes personales y logran que los prospectos más ocupados les devuelvan las llamadas en poco tiempo.

No cazan para atrapar una ardilla o un faisán; sus ojos siempre están fijos en un oso café de 400 kilos. Puede que les tome algo de tiempo rastrearlo, pero cuando lo logran lo hacen caer en la trampa con el poder y la gloria distintivos de los perrazos. ¡Cuanto más sangrienta sea la batalla mejor, pues la historia se narra una y otra vez en *technicolor* ante legiones de cachorros asombrados!

Cuando le pregunté a un Gran Perro amigo mío si era importante vender mediante una organización y obtener consenso en el proceso, se atragantó y con un largo gruñido dijo: "Sería una pérdida de tiempo colosal: ¡encuentra al hombre adecuado, fija una reunión y cierra el trato!" Ésa era su estrategia. Puedo asegurarte que su lema es: "Si vas a caer… ¡que sea en grande! Si te vas a la quiebra, ¡no querrás que sea en un dúplex"!

Siempre conscientes de que están creando su legado, trabajan en desarrollar cuentos sobre sus conquistas. Y nunca se muestran tímidos respecto a embellecer una historia al volver a contarla. De hecho, si la exageración fuera un deporte olímpico, el Gran Perro representaría a su país.

No tienen paciencia para cultivar largos ciclos de ventas. Se especializan en cerrar tratos, entrar cuando el prospecto presta atención, la pluma está lista y el tintero lleno.

Las grandes victorias proporcionan su momento de luz y ellos se acomodarán ahí durante un tiempo interminable. En cuanto a las derrotas aplastantes, no esperes muchas disculpas, porque, según ellos, rara vez es su culpa. Dirán que la gerencia es demasiado tonta para entender su visión y los subordinados demasiado incompetentes para implementar sus estrategias.

El problema con estos perros es que su propensión a la exageración y a la ferocidad pueden llevar a grandes errores, como malentender el producto, alterar por completo al cliente o enfurecer al equipo que desarrolla el producto por las promesas que hace al prospecto de que el nuevo y maravilloso sistema de cómputo viene con botas para ir a la luna y con una cafetera que se activa por medio de la voz.

Para los perros de este tipo se trata de cerrar un Gran Trato o nada. ¡Si mandas a un Gran Perro por el periódico es probable que lo regrese hecho trizas!

A pesar de que debes conseguir un recogedor de excremento gigante y un suministro inagotable de guantes de plástico, si tienes un Gran Perro en tu jauría es probable que te niegues a deshacerte de él. Incluso cuando el desastre y el ruido son intolerables, hay una parte en ti convencida de que "puede conseguir algo importante". Es imposible disciplinarlo e invariablemente llega tarde a las juntas, si es que se aparece. Siempre es el centro de atención y puede tener atónito a un cuarto entero con su manera fluida, historias electrizantes y carisma puro.

Un entrenador diestro puede darse cuenta del potencial de este tipo de perros desde que son cachorros. A veces se manifiesta en el brillo de sus ojos, en su porte al caminar o en un ladrido con tono de mayor seguridad que el de otros.

A medida que maduran se vuelven valientes y temerarios y sus curvas de aprendizaje pueden ser difíciles y costosas. Cuando están completamente crecidos se convierten en gerentes de ventas, ejecutivos corporativos y empresarios. En la mercadotecnia de multinivel no es poco común que a los de este tipo les den líneas de subalternos completamente maduras (ellos nunca las formarían desde el nivel más bajo).

Si se les cuida desde pequeños, pueden desarrollarse y convertirse en vendedores perros muy productivos, pero los entrenadores siempre deben tener cuidado. Los perros de este tipo nunca están satisfechos en peldaños bajos de la escalera. Quieren saber cuál es el camino rápido para llegar a la cima ahora mismo. Quieren que "¡les enseñes el dinero!"

También tienen un agudo sentido del olfato para elegir a los comisionistas poderosos y a los perros adecuados con quienes mezclarse. No les gusta la autoridad y un perro pequeño tiene una ínfima posibilidad de mantener con correa

¡Gran perro!

al perrazo. No soportan ladridos. Insistirán en que deben tener la oficina de la esquina con vista, membresías de un club campestre y la tarjeta de gastos *platinum*. Quieren ser jefes y saber cuál es el camino más rápido para conseguirlo.

Aunque más presente en algunas razas que en otras, el Gran Perro pertenece a todas. Sólo se necesita un Gran Trato para crear un Gran Perro y no hay marcha atrás.

Los ataques de estos perros pueden ser molestos. Para esos chicos todo juego es justo y Dios ayuda al gerente que encuentra "territorios". Saquean con despreocupado abandono, dejando a su paso prospectos aterrorizados, nervios crispados y clientes atónitos. Definitivamente llevarán a casa el tocino, pero en el proceso vaciarán la casa de los cerdos.

Muchos poodle quieren ser Grandes Perros desde que entran a la jauría. Luchan por ganar la gloria, atención y remuneración que obtiene el perrazo. Ya tienen imagen e indumentaria, ¡pero su meta es ser capaces de pagar el verse tan bien!

Los retriever pueden ser Grandes Perros muy efectivos, pero quizá no resulten obvios de inmediato. Esa confianza y habilidad seguirán ahí, ¡pero no te saltarán a la cara! Los retriever son capaces de cerrar grandes tratos y, mediante su legendario compromiso con el servicio, mantenerlos mucho tiempo después. Los Grandes Tratos son difíciles para los retriever porque no sólo les preocupa la venta, sino lo que es adecuado para el cliente. La mayoría de sus planes requieren recursos considerables, paciencia y tiempo que darán frutos. Pero cuando eso suceda, su atención al cliente dejará al Gran Perro de esta raza acostado al sol durante mucho tiempo.

Los Grandes Perros no son buenos para hacer el seguimiento, pero cuando se trata de encanto y relaciones tienen lo mejor que el basset puede ofrecer. Pueden pararse hombro con hombro con cualquier director ejecutivo y ganarse su corazón, confianza y compromiso financiero, en una forma seductora y misteriosa que sólo conoce el perrazo.

Hay una cosa que todos los perros de este tipo comparten: tienen corazones muy grandes (aunque los pit bull y los chihuahueños con frecuencia tienen dificultades para expresarlo). A los Grandes Perros les encanta tomar bajo su custodia al extraviado local o al cachorrito, proteger al débil, cuidar a sus amigos y ser considerados "el mejor amigo" de alguien. En tiempos de necesidad, o si estás de espaldas contra la pared, el Gran Perro estará ahí. Como verdaderos héroes, pueden amarte hasta la muerte, hacer un desastre en un minuto y acabar con una jauría de coyotes al siguiente.

En realidad, la raza promedio normal puede vender mucho más que el Gran Perro híbrido, con base en puro esfuerzo y volumen. Pero cuando llegue el Gran Trato, necesitarás un Gran Perro que maneje la transacción.

Si tienes Grandes Perros trabajando en tu equipo, a veces los amarás y otras los odiarás. Debes tratarlos diferente y, cuando lo hagas, escucharás las quejas del resto de la jauría.

Sí, los perros de este tipo pueden ser un verdadero dolor de cabeza. Pero cuando dan con el Gran Trato y descorchas la champaña y sacas los puros, ¡es fácil olvidar todas las veces que te volvieron loco!

5

¡El can adecuado para la presa adecuada!
(No mandes a un pekinés sin pelo a Islandia)

A comienzos de mi carrera tomé un puesto en UNISYS (que en ese entonces se llamaba Burroughs), conocida fabricante de computadoras y calculadoras. Como nuevo recluta y recién llegado al mundo oficial de las ventas en la división de Honolulu, trabajé bajo las órdenes de un gerente que había tenido mucho éxito como representante de ventas. Era un Gran Perro.

Más aún, era un Gran Perro de la raza pit bull.

Como vendedor de primera clase, había ganado altas comisiones y respeto al estilo clásico de los pit bull. Su fórmula para el éxito era simple: crear una máquina de ventas justo como él. Intentó meter a todos en su molde, forzarlos a adoptar los hábitos y estrategias que le funcionaban: series masivas de llamadas en frío, procesadas a la velocidad del trueno, relaciones tajantes con clientes y enfoque total en las nuevas ventas en lugar de cuidar las relaciones con viejos clientes. "Sólo es un juego de números", gruñía. "O lo tienes o no lo tienes: ¡sal y hazlo!"

Y si empezaba a perder la fe en una venta, no desperdiciaba nada de tiempo. Sólo importaban dos palabras en el mundo: "sí" y "no". Cualquier otra cosa lo hacía descartar ese prospecto como una mazorca mordida y pasaba al siguiente de la lista.

Pero cuando era un "sí", asestaba en la yugular cada vez y los sacudía para obtener todo lo que tenían. Su estilo era extremadamente efectivo para conseguir ingresos, pero sentía poco remordimiento por la devastación que dejaba a su paso.

Tras haber ganado prestigio como pit bull de alto nivel, estaba destinado y decidido a demostrar que sus técnicas funcionarían a nivel gerencial. Sin embargo, por exitosa que le resultara su estrategia como vendedor perro, fracasó de manera miserable como entrenador de perros.

El problema era que pensaba que *su estilo* era *el único estilo*. En realidad, *su estilo* era sólo *un estilo*.

No puedes cambiar la naturaleza básica, fundamental de una persona. Es su esencia y su alma, lo que hace que cada uno de nosotros sea único y especial. No puedes hacer que alguien se convierta en algo que no forma parte de quien es. Aunque grites y vociferes, ¡incluso si ofreces comisiones exorbitantes!

El resultado de este proceso fallido de clonación fue una fuerza de ventas frustrada, infeliz y a menudo abrumada, que llevó a una enorme rotación de personal y a ingresos miserables salvo por unos cuantos pit bull de raza pura que había en la jauría: fue la clásica regla 80/20. Después de unas cuantas semanas, yo también estaba buscando un nuevo trabajo en el periódico y pensando cómo pagar la renta.

No pasó mucho tiempo antes de que trajeran un nuevo gerente de ventas. Se llamaba Steve: otro Gran Perro, pero con habilidades distintas. Era la antítesis de mi primer gerente, un Gran Perro de raza golden retriever, animal poco común y magnífico.

Recuerdo nuestra primera junta de ventas con él. Entró pesadamente en la sala de conferencias poco alumbrada, que me recordaba alguna cueva: albergaba cerca de una docena de representantes de ventas nerviosos y ansiosos, entre quienes me encontraba yo.

Acabábamos de sobrevivir a un Gran Perro pit bull en pleno ataque directo, así que todos estábamos muy bajos en cuanto a confianza y paciencia. Muchos ya teníamos una pata en la puerta. Pero éramos sobre todo cachorritos flacuchos, impacientes y nerviosos; a pesar de que estábamos hambrientos y malhumorados, seguíamos ansiosos por tener éxito.

Aunque había muchos ladridos y críticas, todo quedó silencioso en cuanto Steve entró a la sala. A todas luces, era el Gran Perro. Aunque nuevo en el ramo, estaba ávido por revelar su plan para convertir ese territorio de desempeño mediocre en algo realmente especial.

¿Que si nos importaba? Poco. Aprendí mucho de esos primeros días. Definitivamente, aprendí sobre las tendencias caninas de mi especie conforme Steve anunciaba cambios de territorios del personal. Si tienes alguna duda sobre la correlación entre perros y vendedores, te pido recordar la última vez que experimentaste un cambio de territorios, modificación de comisiones o cambio de reglas del juego a mitad del camino.

Todavía puedo escuchar con claridad los aullidos, lloriqueos y ladridos de esa junta. Los gruñidos beligerantes continuaron durante días... y a menudo alcanzaban su punto más álgido cerca del garrafón de agua o durante los descansos.

Sin embargo, protestas y lloriqueos nunca frenaron a nuestro nuevo gerente. Steve era un tipo alto con amplia sonrisa y voz potente. Amable como un San Bernardo, fuerte y amigable. Pero podía ponerse sarcástico y molesto en un segundo.

Le gustaba aparecerse justo cuando se te había acabado la comida, te faltaba calor o no tenías ningún amigo en el mundo. Entonces, te ofrecía un salvavidas de energía para sacarte del hoyo y atravesar la tormenta. Podía rastrearte en cualquier lugar (¡lo hacía!) y parecía capaz de llevar cualquier carga. También creía firmemente en el entrenamiento, algo que mi primer gerente rechazaba.

No obstante, lo que hizo después de esa junta fue lo más significativo. Se sentó con cada uno de nosotros de manera individual y conoció nuestros hábitos, vida social, personalidad y pasatiempos. Recuerdo que parecía escuchar mucho más de lo que hablaba. Después de cada junta fijaba tareas específicas para cada uno, las cuales eran ligeramente diferentes de una persona a otra. Ciertos representantes iban directo a hacer llamadas "en frío", algunos entrevistaban sólo a quienes ya eran clientes, otros hacían investigación de mercado sobre la competencia y algunos más trabajaban con los técnicos de servicio.

Los pit bulls hacían llamadas en frío; los retriever visitas de servicio al cliente; los chihuahueños llevaban a cabo investigaciones de mercado y los poodle ubicaban prospectos clave. Mientras tanto, los basset fortalecían relaciones con los mejores clientes.

Supo cuáles eran las razas de la jauría y ubicó a la gente en los puestos en que podían tener éxito. Pero Steve no se detuvo ahí. Dio un paso más.

Trabajó en desarrollarnos, a nivel individual y como grupo, para ser más fuertes y eficientes. Aprendimos el talento de nuestra propia raza, al tiempo que adquirimos habilidades de otras.

Los chihuahueños supieron hacer presentaciones dinámicas, los retriever pudieron hacer llamadas en frío y los pit bull aprendieron a tener paciencia y escuchar. No nos obligaron a convertirnos en algo que no éramos, simplemente nos recompensaron por ser quienes éramos al tiempo que nos animaron a superar lo que éramos y eso marcó la diferencia.

Cada uno fue entrenado y adiestrado según fortalezas personales. Steve pasó mucho tiempo aprendiendo nuestras fortalezas y desarrollándolas sin demora. Y Burroughs gastó mucho dinero enviándonos a clases en todo el país… ¡pero su compromiso a todas luces dio fruto!

La nuestra, que alguna vez fue una de las ramas con peor desempeño de Burroughs, se convirtió en una asombrosa máquina de ventas. En cuestión de dieciocho meses pasamos a ser la rama número uno (en ventas per cápita) del país. Y yo me coloqué como el vendedor número uno de Estados Unidos.

Steve se tomó el tiempo necesario para identificar las razas de perros que tenía trabajando para él, como buen entrenador; procedió a adiestrarnos para convertirnos en feroces cazadores, compañeros leales y voraces aprendices. Todos nos llevamos algo de ese trabajo que nos acompañó el resto de nuestra vida.

Hueso: Una razón por la cual algunos perros venden y otros no, consiste no en tener un gen de ventas innato o suerte al azar, sino en que algunos fueron entrenados y otros no. Cierto, hay algunos a quienes les resulta natural, pero son muy pocos. Los que se desempeñan muy bien son entrenados y asesorados para ser excelentes. Los que se desvían no reciben ningún entrenamiento y nunca se dan cuenta de que tienen fortalezas o debilidades, a menudo terminan siendo malos y muriéndose de hambre.

En esa época aprendí mucho sobre ventas, sobre la gente, el comportamiento y el efecto de las actitudes en los resultados. Con el transcurso de los años, he tenido un éxito extraordinario vendiendo de todo, desde pepinos de puerta en puerta hasta calculadoras, computadoras, sistemas de *software*, fletes aéreos y servicios de transportación. He vendido desarrollo personal, proyectos de cambio corporativo y de conducta a personas escépticas y nada comprometidas.

En esa época no sabía que mi vida en los negocios me convertiría en un verdadero entrenador del "tipo humano" y en veterinario de rebaños y manadas que requieren ajustes de actitud. Ahora viajo por todo el mundo con mi silla, mi látigo y mis rasgos caninos. Trabajo con miles de organizaciones que requieren asistencia para hacer que sus perros de raza híbrida se conviertan en campeones con pedigrí.

A todos los gerentes de bienes raíces, seguros, mercadotecnia en red y ventas corporativas puedo decirles que hay esperanza; a todas las masas de empresarios, dueños de negocios y vendedores que buscan "la panacea financiera", igual puedo asegurarles que está más cerca de lo que creen.

De verdad, los mejores vendedores del mundo, estén en Singapur, Hong Kong, Moline, Daytona o Manchester, tienen una cosa en común. Todos son *vendedores perros*. Y cualquier persona responsable de motivar, enseñar o dirigir a una jauría semejante es un *entrenador de perros*.

6

Fortalezas de las razas

Como secreto del éxito, la mayoría de los grandes atletas dirían: "¡Juega apoyado en tu punto fuerte!"

Pit bull, retriever, poodle, chihuahueño y basset desempeñan un papel vital en el proceso de ventas. A diferencia del mundo canino, las "razas puras" por lo general no son tan valiosas como las que tienen un poco de mezcla genética. La clave para ser un vendedor perro campeón es entender y operar desde tu fortaleza, mientras adquieres los rasgos positivos de otras razas. Esta habilidad de adquirir un "entrenamiento cruzado" para convertirte en "la mejor de las razas" es un ingrediente esencial en el éxito de los vendedores perros.

El primer paso hacia esta meta es entender claramente los talentos naturales de cada una de las razas.

Pit bull

Su punto fuerte es claramente su agresividad, aunado a lo directos que son. No hay ninguna otra raza con más habilidades para encontrar el camino más corto entre un prospecto y el cierre de un trato. Lo que les falta en cuanto a paciencia y a veces tacto lo compensan con temeridad.

Es su disposición a correr riesgos de manera directa lo que los hace tan exitosos en el mercado. Su enfoque implacable para nuevos prospectos, hacer llamadas en frío y manejar objeciones es legendario, al extremo de que han creado un estereotipo que otros intentan imitar contra sus tendencias naturales.

Aunque otras razas pueden verse fuera de la jugada con un "no", una respuesta negativa sólo hace que un pit bull trabaje más duro para el "sí". No desperdician tiempo persiguiendo cuentas de ensueño y rápidamente siguen adelante si el desarrollo de un posible trato resulta lento.

Convierten las objeciones en algo positivo en vez de investigarlas, descargarlas y evitarlas. Un gran vendedor perro lleva al mercado productos y servicios con valor y convicción; los pit bull son pioneros valientes con talento para desarrollar territorios vírgenes. Cuando hay poco tiempo y muchos prospectos, son quienes tienen mayor posibilidad de éxito.

Algunas personas que trabajan en ventas dicen: "Es un juego de números" y es correcto en algunos mercados. Si tu producto o servicio tiene atractivo para las masas, entonces ese mantra definitivamente es cierto y el pit bull es el can perfecto para el trabajo. Pero si tienes un nicho de mercado donde hay menos prospectos, es probable que otras razas tengan más éxito.

Hueso para el pit bull: *Cuando dudes en hacer algo... ¡haz cualquier cosa!* Cuando estés de mal humor, sólo haz una llamada de ventas. Norman Schwarzkopf, exitoso general en la campaña Tormenta del Desierto en Medio Oriente de 1991, dijo: "Cuando dudes, toma una decisión de todas formas. No tomar ninguna puede ser catastrófico, pues incluso una mala decisión genera movimiento, acción y puede corregirse a partir de ahí". Este hábito abrirá más puertas y generará más impulso del que podrías imaginar. Cuando la duda ataca, de manera deliberada supérala con cualquier acción que te ponga frente a alguien. Las ventas son como el beisbol: cuantas más veces tengas el bat, mejores posibilidades tendrás de hacer un *home run.* ¡No puedes llegar a ningún lado sentado en la banca!

Golden retriever

El retriever sabe que proporcionar un servicio constante y excelente es uno de los factores más importantes para crear riqueza. Entiende que, muy a menudo, la mayor oportunidad de ventas se encuentra dentro de su propia base de clientes. Cuando proporcionas calidad y servicio antes, durante y después de la venta, las futuras transacciones se facilitan.

El retriever, como el poodle, sabe que los usuarios felices no sólo siguen comprando, sino que son una excelente fuente de referencias positivas y recomendaciones de calidad. Los retriever venden mucho y en todas direcciones mientras los demás perros buscan una nueva presa. Saben que se necesita seis veces más dinero, tiempo y esfuerzo para venderle a un cliente nuevo que a quien ya es cliente.

A largo plazo, los retriever son los vendedores perros que pueden construir organizaciones de ventas fuertes y clientes leales de por vida. A pesar de su naturaleza amistosa, no son ingenuos. Tienen una clara comprensión de cuál es el potencial de compra de cada cliente y diseñan el servicio tomándolo en cuenta. No tienen clientes, sino amigos, colegas, asociados, y todos son "personas maravillosas". (¡Sólo que algunas son más maravillosas que otras!) Uno de sus mejores rasgos es agregar valor a cada transacción y servicio. Nunca se cansan de regresar una y otra vez para encontrar nuevas maneras de complacer.

Debido a su compromiso de proporcionar un servicio de alto nivel, los retriever no se sienten cómodos con las quejas, porque con frecuencia las toman como algo personal. Tienden a ver en ellas críticas válidas al producto o servicio (o, peor aún, a sí mismos). A los clientes les encanta esto porque saben que el retriever tomará la queja y proporcionará un servicio aún mejor, se volverá más solícito.

Hueso para el retriever: *¡Siempre sé el primero en dar!* Esto es cierto en una negociación, venta, discusión y en todos los distintos aspectos de un negocio. La persona que da primero tiene ventaja. Al hacerlo, inclinas a tu favor la balanza de la equidad y la justicia. La otra parte siente una especie de obligación subconsciente de devolver el favor. Al ofrecer cosas a otros, quizá no obtengas nada de inmediato, pero la energía de negocios que llamamos ventas y vida tiene una forma divertida de pagar. Conviértelo en un hábito, de modo que el gesto sea sincero y no artificial.

Poodle

En los negocios, la apariencia y la imagen son importantes. Muchos productos y servicios inferiores pueden vender más que otros muy superiores, simplemente por parecer mejores. ¡La percepción es más poderosa que la realidad!

Nadie sabe mejor que el poodle que la imagen y la reputación son importantes para tener éxito en ventas. Los poodle son los vendedores perros consumados en "mercadotecnia". Su habilidad para posicionar sus productos y servicios puede hacer que se encuentren entre los perros mejor pagados de la jauría.

Se dan cuenta de que cuanto mejor coloquen en el mercado su producto o servicio más fácil será alcanzar la meta final de que "les hagan un pedido". Quieren que sus consumidores vayan a ellos, no al revés. Muchos poodle son extremadamente hábiles para desarrollar herramientas y estrategias de ventas. Brillan en seminarios, exposiciones comerciales y relaciones públicas. Los poodle son excelentes para crear contactos, usar referencias y asociarse con los mejores.

Hueso para el poodle: *Aprende a hablar bien ante grupos* y practica ese arte lo más a menudo posible. Tener herramientas para ir de uno en uno es importante, pero ser capaz de hablar ante una multitud multiplicará tu visibilidad y confianza. También *aprende cómo presentarte físicamente atractivo, con buena imagen.* Los estudios demuestran que los bien vestidos y con buena imagen venden hasta 35 por ciento más que quienes no cuidan tanto su apariencia. He tenido la bendición de haber trabajado con los mejores consultores de imagen del mundo a lo largo de mi carrera, así que te recomendaría que busques asesoría profesional. Aprende cómo maximizar tu impacto mediante tu ropa y apariencia.

> ¡Aprende cómo acentuar tus mejores rasgos y minimizar los otros! Las personas compran según imagen e impulso… verse bien es sólo una parte más del trabajo. Un vendedor perro excelente tiene mucho que aprender del poodle.

No olvides que con los poodle el producto o servicio debe ser bueno y debe "verse bien, sentirse bien y sonar bien". Saben que los productos y servicios superiores pueden acabar con la competencia si combinan estética y desempeño excelente.

Los poodle son geniales en compañías donde tienen libertad para desarrollar y probar herramientas de mercadotecnia. Les encanta conformar equipos, redes y asociados que llaman "amigos". También brillan donde el producto tiene atractivo y *sex appeal* inherente, como autos, casas y electrodomésticos caros. Su fortaleza es el retrato efectivo de la imagen corporativa.

Chihuahueño

En esta época de mercadotecnia y ventas de alta tecnología el chihuahueño es una estrella que emerge rápidamente en la jauría. Tener un conocimiento del producto actualizado y preciso puede ser un verdadero desafío. Pero dicho conocimiento es la prueba, y sin ésta nunca lograrás convencer por completo al jurado. El chihuahueño desempeña un papel absolutamente crítico en el cierre de un trato.

Ahora que los clientes se vuelven cada vez más versados en la naturaleza de los productos y servicios que hay en el mercado, un vendedor perro exitoso debe estar actualizado y ser preciso. Demasiados perros flojos no le dan suficiente importancia a esta área, y debido a eso sufren de la "venta superficial". Todo suena genial, hasta que el cliente pregunta detalles específicos.

Los chihuahueños están dotados de manera excepcional para reunir los datos y la evidencia que mostrará a los prospectos cómo funciona todo. Tienen la habilidad de anular el miedo y de impartir sabiduría y confianza en el producto. Muchos de los mejores chihuahueños han pasado tanto tiempo investigando y aprendiendo para entender lo intrincado de la oferta, que se vuelven genuinos apasionados del producto o servicio que ofrecen. Su combinación única de pasión y evidencia irrefutable los hace vendedores asombrosos, capaces de convencer hasta al más escéptico de los prospectos. ¡Simplemente no puedes discutir con la información!

Por esta cualidad, también tienen una tasa más baja de quejas del comprador, si se les compara por ejemplo con los pit bull o poodle. Mientras que la "víctima" de un pit bull puede dudar de su decisión de compra cuando la intimidación ha desaparecido y la presa del poodle puede pensarlo dos veces tras desvanecerse el encanto, el blanco de los chihuahueños queda con hechos, cifras y estadísticas que igualan lógica y credibilidad (¡en especial en quienes predomina el hemisferio izquierdo!).

> **Hueso para el chihuahueño**: *¡Aprende a vender!* Familiarízate con tu estrategia de aprendizaje específica y cómo absorber material crítico como esponja. Tienes un estilo de aprendizaje único de tu raza. Si lo conoces, investigar y aprender se vuelve fácil y divertido. Cuando la educación es algo que se disfruta, el cielo es el límite. La escuela te enseñó a escuchar, leer, tomar notas y luego vomitar la información. Los perros no hacen eso, ni la gran mayoría de la gente. El

orden que sigue la mayoría de las personas es: primero experimentar (hacer llamadas de ventas), digerir después (discutir y revisar) y luego escribir lo aprendido. Lo mismo es
cierto con la información. Visita un sitio, habla con un cliente, entrevista a un vendedor y luego explícale a alguien más
lo que aprendiste y escribe lo que necesitas recordar. Tu tasa
de retención se elevará drásticamente y estarás en excelente
forma cuando te reúnas con prospectos.

Los chihuahueños también son curiosos por naturaleza y se
sienten fascinados por los negocios y sueños de sus prospectos. Están interesados en todo y, en consecuencia, son
muy buenos para empatar las capacidades del producto con
las necesidades del cliente.

Su mente expande sin cesar bancos de información y lleva a cabo una ávida investigación de mercado sobre cualquier cosa las 24 horas del día. Poseen más información tri-
vial de la que parece posible, pero de vez en cuando esas
banalidades, los detalles más mínimos son los que pueden
inclinar la balanza a su favor para lograr la venta. Cuando
reciben una queja, los chihuahueños son rápidos para empatar la información que la sustenta con la real sobre el producto o servicio. Su lema es: "¡El que tiene más conocimiento
es el que gana!"

Basset hound

Sus fortalezas están probadas por el tiempo. Muchos miembros de esta raza son de la Era Industrial, época en que valores y relaciones personales eran ingrediente clave para hacer ventas. Su punto fuerte es tan decisivo como en la Era

Industrial, pues hay muchas relaciones entremezcladas en cada transacción.

Tras esos ojos grandes y orejas gachas hay un corazón enorme lleno de "integridad, coherencia y confiabilidad". ¡Los basset hound llevan esos valores al mercado como su insignia de honor! Harán muchas cosas por demostrar que son leales y confiables. De hecho, pueden sentirse muy lastimados cuando un cliente no les muestra la misma cortesía. Si dan todas las opciones, prefieren estar mano a mano con alguien, viéndolo "directamente a los ojos" y creando una relación personal con ese individuo. Son muy semejantes al retriever en cuanto personajes muy amables y agradables.

Hueso para el basset hound: *Domina el arte de crear relaciones.* Puedes mejorar en este momento haciendo dos cosas:

1. Aprende a escuchar: los basset hound tienen orejas grandes y escuchan de manera natural. Una buena técnica es que aprendas a escuchar con los ojos cerrados o con la cara un poco desviada del hablante (con los oídos dirigidos hacia el sonido). Si eres como la mayoría de las personas, probablemente es más fácil que te distraigas con lo visual. Esto mejorará de manera exponencial tu habilidad de rastrear una conversación. Esta técnica es instintiva en los grandes escuchas.

2. Aprende a empatar tu lenguaje corporal y tus palabras con los de la persona con quien hablas. El basset hound te hace decir: "Ayyyy", porque te identificas con esos ojos tristones. Haces lo mismo con tu prospecto, esposa, ma-

rido, pareja o jefe. Copia la posición de brazos, piernas cruzadas, inclinación de cabeza, las expresiones faciales, etc. También sus preferencias de lenguaje. ¿Está hablando con un lenguaje visual (¿puedes ver lo que digo?), auditivo (¿escuchas lo que estoy diciendo?) o kinestésico (simplemente no se siente bien)? Las personas llenan su discurso con claves que te ayudarán a evaluar su estilo de comunicación. Escúchalas y copia esas claves en tu lenguaje para crear una conexión mágica sin que la otra persona lo imagine siquiera.

En un ambiente donde lograr la fidelidad del cliente es un reto difícil, el basset hound puede tener un gran impacto para retenerlo. A medida que se incrementen las expectativas y exigencias del cliente, disminuye el potencial de una ventaja y diferenciación competitivas entre marcas, y la habilidad del basset hound para crear una conexión emocional con la gente a menudo es el factor decisivo para repetir el negocio. Tener unos cuantos perros de esta raza en la jauría es de vital importancia para el éxito constante de las ventas.

Esos vendedores perros cavan y encuentran clientes potenciales donde nadie más puede. Si estos últimos son pocos, necesitas a un basset para revisar el terreno y olfatear las oportunidades más allá de lo obvio. Esos perros son legendarios por percibir aromas cuando los demás se han ido. Pueden oler el potencial a miles de pasos de distancia y tienen una extraña habilidad para encontrar soluciones nuevas a problemas de los clientes en las que nadie hubiera pensado ni en un millón de años.

Los basset inspiran confianza a quienes los rodean. Son estables y confiables; los clientes se acercarán a ellos para obtener un consejo imparcial y no viciado. Si el producto o servicio no es adecuado para el cliente, es probable que el basset, más que ninguna otra raza, se lo diga. Sin embargo, los basset tienen una cualidad de "inventor chiflado": es más probable que encuentren una solución híbrida que cuadre perfectamente con las necesidades del cliente y asegurar la venta.

Cada raza debe aprender a equilibrar su punto fuerte con algunas características de los demás vendedores perros. Es la razón por la cual un equipo de vendedores perros es tan valioso en el mercado actual. Cada miembro puede jugar conforme su talento y sus colegas con los suyos. De esta forma, pueden vender como equipo con equilibrio y eficacia en forma natural.

Por ejemplo, los basset hound deben aprender a combinar la riqueza de sus valores profundos y la habilidad para forjar relaciones con la destreza de mercadotecnia de los poodle. De otra forma no lograrán sobrevivir a la floreciente red y la economía del internet, ¡donde puede que nunca veas al 90 por ciento de tus clientes! Para mantenerse a ritmo con los demás, el basset debe prosperar en otros ambientes además del frente a frente.

El poodle y el pit bull pueden aprender mucho del retriever. Aunque las dos razas son excelentes para conseguir ventas, el retriever entiende la importancia de la relación posterior a la venta para mantener un éxito duradero.

Todas las razas tienen algo que aprender del chihuahueño. Si en la jauría no hubiera esos vendedores perros llenos de conocimientos, una organización de ventas simplemente sería "un perro que ladra y no muerde". Los chihuahueños proporcionan información y datos esenciales que responden a las preocupaciones más apremiantes del cliente, alejan sus miedos y logran que estampe su firma en el papel.

Entonces, ¿qué tipo de vendedor perro eres?

¿Ya decidiste con qué raza te identificas más?

¿Cuál de las descripciones parece más cierta en tu caso?

¿Qué raza es tu "media naranja"?

Como entrenador de perros, tu habilidad para identificar a los miembros de tu jauría aumenta en gran medida tu habilidad para manejar al grupo. Distinguir las razas te permitirá una mucho mayor penetración conforme te vuelvas capaz de atender más necesidades o más clientes. ¿El resultado? ¡Más ventas, más comisiones y más dinero para todos!

Nota sobre el soporte de ventas

Toda organización de ventas tiene un cuarto de máquinas. Son las personas que a diario giran las ruedas para que el producto llegue de A a B, que se proporcione el servicio y el nombre del cliente esté escrito correctamente. Administran dinero, llevan libros y tratan de mantener felices a todas las personas. Héroes desconocidos, también son importantes para el éxito. Los vendedores perros obtienen grandes beneficios al servir a quienes les sirven.

La superraza híbrida

En este punto, acaso pienses que eres muy semejante a una raza, pero también reconoces rasgos de otras y puedes estar confundido. Si piensas que estás hecho de una de ellas… probablemente lo eres. ¡Cada uno tiene una raza dominante, con algo más incluido!

En el mundo canino, las razas puras son animales costosos y premiados. En el mundo de los vendedores perros sucede algo similar: son igual de caros y poco comunes, ¡pero tal vez no tan premiados! Algunos vendedores son orgullosos miembros de una sola raza y se niegan a adoptar cualidades de otras. Sin embargo, los vendedores más exitosos entienden sus fortalezas naturales y trabajan duro para adquirir rasgos favorables de otras razas. En el mundo de los vendedores perros, la superraza híbrida manda.

Tengo una amiga en Texas que se cuenta entre los dueños de negocios más brillantes que conozco. Antes era la principal agente de bienes raíces de Austin. Ahora ella y su marido son dueños de la escuela de bienes raíces más exitosa del estado. En definitiva es un pit bull con ropa de poodle. Es tenaz y no tiene misericordia en los negocios, pero de manera genuina te puede desarmar con su gracia, encanto y belleza. De hecho, el arma más potente y potencialmente mortal de cualquier jauría es la perra de raza híbrida... específicamente la pit bull en ropa de poodle. (¡Y son igual de devastadoras para romperte el corazón!)

Perros así sorprenden con su habilidad para dar grandes mordidas al mercado sin que la competencia se entere siquiera de que la han mordido. Aún más impactante, los prospectos están tan asombrados y deslumbrados por su gracia y elegancia que, a menudo, no se dan cuenta de que les están vendiendo algo. Es probable que hayas visto a alguna de esas perras de raza híbrida en el baño de mujeres retocándose el maquillaje frente al espejo mientras murmura: "¡Voy a conseguir ese contrato!"

Con el poodle/pit bull de raza híbrida el "juego" es lo central. A la mayoría de los pit bull de raza pura les importa un comino la comisión cuando aseguran el trato. ¡Lo que les importa es ganar! Pero como la cruza de pit bull y poodle tiene buena cantidad de sangre poodle, a la personalidad del pit bull no se le permite salir a la superficie. Los prospectos en su mayoría experimentan ese encanto, ingenio y ambiente social que sólo los poodle saben usar. ("Abuelita, ¡qué dientes tan grandes tienes!")

Mi padre, uno de los mejores vendedores que he conocido, es un pit bull en uniforme de basset hound. Puedes ver su actitud dispuesta y tranquila arrullando prospectos en su zona de comodidad. Pero, si observas de cerca, puedes ver cómo el instinto asesino brilla en sus ojos. Es extraño presenciar una combinación semejante de súplica y ataque.

Huesos para el gerente

Nunca subestimes a ningún vendedor perro. Algo sobre los perros que pueden cazar es que a menudo parecen perros cruzados flojos deambulando a un ritmo poco efectivo. Eso, hasta que perciben el aroma; entonces la adrenalina empieza a bombear, se les para el pelo y salen a la carga. El infierno tiembla en un furioso despliegue de energía cuando ponen la nariz en el piso y, de manera temeraria, siguen el rastro a través del lodo, cruzando ríos y sobre rocas hasta que finalmente dan con su presa.

Algunos vendedores perros cuentan una historia maravillosa pero son un poco blandos al cerrar tratos. Debes saber en qué eres bueno y cuáles son las habilidades que necesitas trabajar. Si eres un chihuahueño que pesa cinco kilos y te quieres enfrentar a un oso de 250, puedes necesitar refuerzos para alcanzar el trato. Nunca temas incluir a un compañero de la jauría con las habilidades necesarias para cerrar la venta. Cuando se hacen correctamente, las ventas pueden ser un maravilloso deporte en equipo. Combina al chihuahueño con el Gran Perro, por ejemplo, y tendrás fanfarronería y confianza con hechos y credibilidad para formar una combinación letal.

También están los vendedores perros que parecen capaces de percibir un aroma y seguirlo donde nadie más puede. Tienen muchos prospectos calificados pero les resulta difícil cerrar tratos con ellos. Deja que jueguen usando sus fortalezas y dales apoyo para terminar los tratos. Hay otros que tienen una nariz inservible. No pueden percibir ni reconocer un trato aunque les dé en la cabeza. Pero si los pones frente a un prospecto, pueden encantar, ganar y cerrarlo con facilidad y estilo.

El hueso final

Juega de acuerdo con tu fortaleza, deja que todo el mundo juegue según la suya y todos estarán jugando para ganar.

7

Actúa de acuerdo con tu fortaleza

Creo firmemente que debes saber cuál es tu punto fuerte y actuar conforme a él. No obstante, a veces tus fortalezas pueden interponerse en el camino de la excelencia.

A comienzos de mi carrera descubrí por mí mismo que eso era cierto. Uno de mis atributos naturales es que soy hábil para estudiar, analizar y adaptar las cualidades de otros. He pasado mucho tiempo admirando e investigando el éxito de otras personas. Siempre pensé que si eran más exitosos que yo, tenían algún rasgo especial que los impulsaba a la cima. Entender y adquirir ese rasgo se convirtió en mi meta.

No es una mala forma de pensar, salvo cuando se lleva al extremo. Cuando enmascaras por completo tu propio espíritu, tu chispa y lo que te hace ser único, por imitar a alguien más, se vuelve un freno para desarrollar tu propia identidad. Cedes tus fortalezas en la búsqueda de las de otros.

El resultado fue que hubo épocas en las que realmente traté de convertirme en alguien más. No me malentiendas, tomar como modelo las fortalezas de otros es una de las tácticas más poderosas para incrementar tu propio poder. Sin embargo, muy pronto descubrí que tratar de ser alguien más termina en frustración, lucha, infelicidad y malos resultados.

Muchos de mis amigos, incluso hoy en día, son individuos muy fuertes, agresivos. Tienen la habilidad de empujar y obligar a otros para que estén de acuerdo con ellos mediante persistencia, osadía, fuerza y poder. Aunque disfruto participando de esa energía, nunca he sido capaz de enfrentar a otros para dejarlos en posición de sumisión.

Mientras crecía en la comunidad rural de Navarre, Ohio, era el niño más pequeño del patio de juegos. Pasé la mayor parte de mis recreos evitando o escapando de peleas y dificultades como medio de supervivencia. Fue en ese medio donde pulí mi habilidad natural para evadir a los perseguidores con rápidas huidas, cambios repentinos de dirección y corriendo largas distancias en cuestión de segundos. Cuando me fallaban las piernas, mi boca salvaba el dinero de mi almuerzo. Aprendí a escapar a diario de situaciones difíciles o amenazantes. Como resultado, evito ser demasiado agresivo con las personas.

Muchos pensarán que mi falta de agresividad me convierte en mal vendedor. Pero, por fortuna, mi éxito personal es prueba de lo contrario.

La verdad, por dentro sigo siendo muy similar a ese chico de ocho años en lo que respecta a confrontación y situaciones difíciles. Se trate de un dilema de negocios o desacuerdos con mi esposa o colegas, una parte de mí preferiría correr que pelear.

Si en apariencia hay valor, se debe más a mi eterna ingenuidad sobre las duras realidades del mundo que a cualquier tipo de valor frente al conflicto. A menudo me encuentro atrapado en situaciones difíciles y logro escapar unos segundos antes del problema. A lo largo del tiempo he descubierto que mi tendencia natural a buscar la paz en vez de la guerra y mi habilidad para convertir situaciones desagradables en hechos favorables han dado excelentes dividendos.

Mi primer empleo tras graduarme en la universidad fue en una exitosa empresa de camiones para fletes aéreos. El dueño y director de la compañía decidió que yo me convertiría en un buen futuro presidente y líder de la organización. Era un empresario dinámico que había superado las dificultades de crear un negocio exitoso. Quería "prepararme" para tomar el mando algún día.

Recuerdo que varias veces me dijo: "Cuando empieces a pensar como yo, estarás en el camino adecuado". Ése es el tipo de mentalidad que comparten muchos empresarios.

No obstante, descubrí que no tenía sus agallas para pararme frente a enormes conductores de camiones y jugar beisbol con los sindicatos. Aprendí que mi punto fuerte residía en mi habilidad para negociar y hacer que otros se sintieran cómodos. Al final, me cansé de forzarme a entrar en una personalidad ajena. Dejé ese negocio para seguir una carrera en ventas.

Mi primer gerente tenía el mismo enfoque e intentaba hacer de nosotros copias al carbón de sí mismo, su versión del vendedor perfecto. Cuando Steve lo reemplazó, todo mi mundo cambió.

El entrenamiento que recibí durante los primeros meses sacó a la luz mis fortalezas personales: deseo implacable de complacer a los clientes, habilidad de construir una relación instantánea con la gente y actitud positiva a prueba de todo. Podía hacerme amigo casi de cualquier persona y rápidamente los hacía sentir cómodos. Descubrí que una vez que encontraba un prospecto de calidad, podía construir con él una relación sólida y confiable a largo plazo en muy poco tiempo (clásica mezcla basset/retriever).

Aunque mis fortalezas eran suficientes para convertirme en vendedor promedio, me faltaba el equilibrio de habilidades necesario para ser un vendedor perro excepcional. Algunas de mis tendencias naturales minaban mi éxito.

Por ejemplo, era propenso a dejar juntas incómodas y tareas difíciles "para después". A menudo "me retraía" después de una venta y me relajaba, permitiendo que el impulso y la energía murieran. Eso dificultaba "agarrar ritmo". Así que mis tendencias naturales terminaban trabajando para mí y en mi contra.

Me resultaba difícil hacer llamadas en frío. No era un pit bull en esa época. No obstante, me daba cuenta de que sin esa herramienta estaba en riesgo cuando los prospectos eran lentos. Sabía que necesitaba la habilidad de crear negocios y las llamadas en frío eran la mejor forma de lograrlo. Estaba claro que necesitaba superar el miedo de hablar con extraños, así como al rechazo que me impedía hacer esas llamadas.

Mi gerente me ayudó a superar esa importante barrera con el entrenamiento que me proporcionó. Me explicó que el *objetivo de una llamada en frío no es vender algo*, sino entrenarte para otras situaciones. Simplemente es como levantar pesas o correr. Me hizo repetir el proceso una y otra vez para hacer un camino neurológico en mi cerebro. Y funcionó. La repetición terminó por anular el miedo y creó emoción respecto de enfrentar nuevos retos.

De hecho, convertí la labor monótona y mi miedo de hacer llamadas en frío en un orgullo. Se me volvió un juego ver cuántas llamadas en frío podía hacer en un día. Creo que sigo teniendo el récord: ¡68 llamadas en un mismo día!

En el pasado eso nunca habría sido posible. Pero aprendí que podía ser una verdadera bomba. Recuerdo correr de una oficina a otra en el centro de Honolulu, cruzando umbrales a toda velocidad, pasando frente a miles de recepcionistas. Aprendí cómo identificar y rastrear rápidamente a los gerentes de oficinas simplemente por su apariencia y ubicación.

Solía llegar hasta ellos con una costosísima calculadora de bolsillo bajo el brazo en una salvaje demostración que incluía en partes iguales demencia, humor y gritos. Ese día, las primeras llamadas fueron dolorosas, pero en algún punto del día en que fijé el récord (alrededor de la llamada número 25) ¡lo perdí! Simplemente entré aullando como un perro de ataque con humor de hiena y di un espectáculo para todos en la oficina, sin pensar ni un instante en hacer una venta ni preocupándome por "verme bien". Mi "escena" mejoró a medida que avanzó el día, mientras yo seguía puliendo mis herramientas con cada nueva presentación.

Resultó que ninguna de las llamadas de ese día terminó en venta, pero el camino en mi cerebro estaba ya conectado de manera permanente. Podía correr junto a los pit bull si algún día era necesario.

Me di cuenta de que mi raza de vendedor perro (una mezcla de basset hound y golden retriever) algún día necesitaría más habilidades para levantarme al nivel más alto. Me tomó sólo un día apreciar la mentalidad del pit bull y adquirir uno de los rasgos más fuertes de esa raza: asertividad, sin preocuparme por cómo me veía. Fue un día revolucionario para mí y esa experiencia me ha servido mucho desde entonces.

Mi nueva habilidad para confrontar situaciones difíciles me permitió construir varios negocios lucrativos y me ha hecho ganar mucho dinero. De no haber sido entrenado para abrazar las habilidades de otras razas de vendedores perros, al tiempo que aprovecho las propias, probablemente seguiría rumiando en alguna esquina esperando que el destino me arrojara migajas.

No tienes que ser un pit bull, pero sí aprender lo que sabe el pit bull y usarlo cuando lo necesites.

Entiendo que mi *principal punto fuerte como vendedor es que sigo siendo "un buen tipo"*. Pero puedo desempeñarme como pit bull, chihuahueño o poodle según el caso. Con entrenamiento y práctica, la pequeña voz de mi cerebro se volvió cómoda con nuevas estrategias y técnicas. Fui capaz de estudiar, profundizar y extinguir cualquier obstáculo mental que me impidiera adoptar otras estrategias exitosas. He condicionado mi cerebro para aceptar y activar las herramientas necesarias cuando se presenta la ocasión. Los miedos y barreras simplemente se han desvanecido.

Hueso: Otra razón por la cual algunos vendedores perros venden y otros no se encuentra en la habilidad para aprender y desarrollar habilidades ganadoras. Quienes son capaces de asimilar comportamientos y herramientas ajenos pueden aprender a ser los mejores vendedores perros (o lo que denominamos "superperros de raza híbrida"). Quienes no pueden y se niegan a cambiar su forma de pensar y sus actitudes obstinadas, diciendo: "¡Simplemente no soy yo!", serán larvas de la basura. Siempre debes estudiar y mostrarte ávido, dispuesto a ser más de lo que eres.

La verdad es que como quería aprender y estaba bien entrenado, encontré que en lo profundo de mi ser había un pit bull que anhelaba quedar en libertad. En realidad había un poodle que quería alardear, pavonearse, "verse bien", y una parte de chihuahueño con enorme pasión e intensidad, loco por la información. Había diamantes en las profundidades de la mina de carbón. Tomó tiempo y trabajo duro llevarlos a la superficie, donde podrían brillar y hacerme rico.

Sin embargo, de haber sucumbido a la vocecita de mi cabeza que respondía a todo reto diciendo: "Lo tengo que hacer a Mi manera", nunca habría encontrado el éxito financiero, las muchas relaciones y gusto por la vida de los cuales disfruto hoy en día.

8

Condicionamiento para superrazas híbridas

Entonces podrías preguntar: "¿Cuál vendedor perro es el más exitoso y el que gana más dinero?" ¿Es el pit bull por su tenacidad? ¿O el poodle por causar una fuerte impresión? ¿Podría ser el basset hound que sabe hacer amigos o quizá el golden retriever por su incomparable servicio al cliente? ¿O, en este mundo electrónico, el chihuahueño tiene ventaja con su cerebro apto para el conocimiento tecnológico?

La respuesta a la pregunta varía de una industria a otra y de una situación a otra. Necesitas un poodle para poder vender "la visión" de una nueva compañía. A menudo están posicionando lo que la empresa "va a ser" en oposición a "lo que realmente es".

En un ambiente de negocio a negocio, de alta tecnología, el chihuahueño puede ser el más exitoso para manejar preguntas difíciles y controlar una venta complicada desde el inicio hasta el cierre. Un retriever acaso sea el más exitoso en territorios dañados donde haya que reconstruir la confianza y lealtad del cliente mediante estrategias basadas en el servicio al cliente.

Para hacer un cambio, quizá el basset hound sea el indicado para incorporar valores tradicionales en un equipo de ventas. Los basset son maestros para vender una red "a viejos conocidos". Por supuesto, nadie logra ventas en tiempos lentos o difíciles como el pit bull.

Así que, ¿cuál raza venderá más y hará más dinero? La respuesta correcta es "todas".

Si puedes encontrar lo mejor de las razas en un mismo vendedor, entonces tienes lo que se llama "superraza híbrida". Sin importar la situación o el ambiente, ese perro campeón será capaz de sobrevivir y tener éxito.

Pero tu tipo de raza no determina tu éxito. Los vendedores perros que confían por completo en la fuerza de su propia raza, sin adquirir cualidades importantes de otras, terminarán por estancarse. Tu habilidad para aprovechar tu talento, mientras adquieres las herramientas de las otras razas, te hará un vendedor perro excepcional. ¡Cuanto mayor sea la mezcla de raza, mayor será la cantidad de dinero!

Superraza híbrida

No hace mucho, el director de un gran banco de inversiones de Nueva York me pidió que observara a un equipo de ventas que tenía problemas para aumentar sus cifras. Querían saber la razón y mejorar su desempeño.

Empecé por asistir a una conferencia telefónica entre el equipo de ventas y un cliente. Nos reunimos en una sala de juntas con paredes de cristal que daban a la bulliciosa ciudad. En medio del cuarto había una mesa hecha madera de caoba donde cabía cómodamente una docena de personas. En la sala se encontraban seis gerentes de ventas y mercadotecnia que intentaban vender un portafolio de inversiones de alto perfil al administrador del fondo de pensiones de una empresa de *Fortune 500*.

Los tres minutos anteriores a la llamada parecieron durar una eternidad. Los trajeados gladiadores de la sala estaban nerviosos, como un equipo de futbol de preparatoria antes de salir al campo.

Sus pupilas estaban dilatadas, las palmas de sus manos sudorosas y habían aflojado sus corbatas de 250 dólares para el ataque. A medida que el sol del mediodía entraba en la habitación a través de las paredes de cristal, por un momento me vi cegado por el brillo que provenía de varios juegos de mancuernillas de oro.

Mientras estaba sentado en la esquina, observando la escena en silencio, el equipo de ventas revisó su plan. Repasaron todas las posibles objeciones que el cliente pudiera poner y el director del banco dijo con fiereza: "¡Ésta sí la vamos a conseguir!" Casi podía imaginarlo con un silbato y una sudadera con la palabra "entrenador".

El teléfono sonó y la atención de todo el mundo se volvió hacia el altavoz que estaba en medio de la mesa. Luego de unos minutos de conversación y preguntas, a uno de los vendedores perros se le prendió un foco. Rápidamente se estiró y oprimió el botón *mute* del teléfono.

Emocionado, dijo a los demás que se le acababa de ocurrir una solución perfecta, demasiado buena como para que el cliente dijera que no. En un frenesí de aceptación y entusiasmo compartido todos aterrizaron al plan. Como una jauría de coyotes que aúllan, saltaron, hablaron sin cesar, escribieron fervientemente en pizarrones blancos y entraron y salieron de la sala sacando más información.

¡Ajeno a la conmoción que había sobrevenido, el cliente seguía ahí y nadie estaba escuchando! El botón *mute* seguía apretado y de vez en cuando uno de los vendedores perros lo desactivaba y de manera educada le decía al cliente: "Sí, sí, cómo no, excelente". Luego volvía a oprimir el botón. Era casi surrealista y lo único que pude hacer fue no explotar en carcajadas.

Después de unos momentos, convencidos de que tenían acorralada a su presa, con calma, los gerentes de ventas se volvieron a sentar y quitaron el botón *mute*. Después de fingir atención durante unos minutos, encontraron una pausa y se fueron directo a la yugular, explicando lo que todos pensaban que era el mayor trato ganador del siglo. Apenas tomaron aliento mientras el chihuahueño escupía información con la ferocidad de un pit bull. ¡Al final, todos estaban agotados y yo casi esperaba que prendieran un cigarro!

Luego habló el cliente: "Bien, escucho lo que están diciendo y no estoy muy seguro. Por qué no me llaman en un par de semanas y lo discutimos con mayor detalle. Necesito escuchar algunas opiniones más".

Un desánimo aturdidor descendió sobre la sala de conferencias, se hicieron débiles intentos para volver a encender la chispa, pero el cliente simplemente se despidió y colgó.

Al sonido que se produjo al colgar el teléfono sigió un silencio absoluto, salvo por mi risa disimulada en un rincón. El director del banco, todavía aturdido y un poco confundido, me preguntó: "¿Qué fue lo que salió mal?"

No había que ser un científico superdotado para darse cuenta del problema. Esos chicos eran pit bulls de los mejores, con un toque de chihuahueños. Era claro que necesitaban con urgencia un poco de basset hound o retriever.

Estaban tan ocupados creando soluciones que nunca se molestaron por saber cuál era el problema. El cliente trató en vano de explicar sus preocupaciones sobre presentar las ideas a su mesa directiva. Ellos no advirtieron la importancia de lo que estaba compartiendo con ellos en confidencia.

Dijo que se puso en ridículo la última vez que uno de esos tratos le salió mal. Como resultado, había una preocupación cada vez mayor sobre la reputación del banco así como sobre lo que la prensa estaba diciendo respecto de las compañías que invertían en esas herramientas de inversión de alto riesgo. Cualquier buen basset o retriever se habría dado cuenta de que la historia personal iba a desempeñar un papel fundamental en la decisión: ese hombre estaba pidiendo confianza, integridad, garantías, paz mental y luego ganancia. La jauría sólo le ofrecía ganancias.

Sin sensibilidad del equipo hacia los problemas, el trato no se obtendría. Lo peor de todo fue que, como no lo habían consumado, ahora le echaban la culpa al cliente: de pronto era "poco sofisticado", "de alto mantenimiento" y "no era nuestro tipo de cliente". Para ellos eran problemas del cliente… no suyos.

La buena noticia es que después entrenamos a esos perros para tener las habilidades de otras razas. De hecho, tomé a esos chicos y los hice sentarse de frente, rodilla con rodilla.

Se les dijo que debían mirarse a los ojos sin parpadear mientras repetían las órdenes sencillas de su compañero. Los tuve haciéndolo durante horas. ¡Lo odiaron! No obstante, después de un tiempo, *entendieron*. Abrimos un nuevo camino neurológico en sus cerebros. Aprendieron una herramienta importante del basset hound, que es entrar en contacto, conectarse, escuchar y realmente hacer que la otra persona sepa que la entiendes.

¡A partir de ese momento, esa jauría de vendedores perros se convirtió en la división de mayor producción a nivel global! Incluso cuando los mercados de bonos estaban quebrando y todos en Wall Street corrían en busca de protección, sus ventas siguieron subiendo. ¡Cada uno de esos vendedores perros aumentó sus comisiones en sustanciales cifras de seis dígitos durante los siguientes seis meses!

Debes entender cuál es tu punto fuerte y ponerlo en práctica. Pero, mediante un proceso especializado de condicionamiento, puedes implantar las joyas de cualquier raza. Es el secreto de convertirte en el mejor vendedor perro de superraza híbrida.

El condicionamiento y el proceso de entrenamiento a los cuales me refiero es la repetición de rasgos y habilidades que pueden ser naturales en otras razas, pero a ti te resultan ajenos y repugnantes. Un pastor alemán quizá necesite que lo saquen a pasear con una cadena de castigo una y otra vez hasta que aprenda a sentarse, detenerse y no acercarse demasiado a la gente. De la misma manera, los vendedores perros deben condicionarse mediante la repetición para convertirse en excelentes cazadores y campeones.

El propósito principal de las 68 llamadas en frío, las horas de ejercicios rodilla con rodilla, la presentación al frente del grupo *no* es hacer más llamadas, ser bueno en contacto visual o recibir intensos halagos. ¡Es abrir un camino en tu cerebro que incorpore el rasgo que necesitas para hacerte rico en este momento!

Déjame explicarte este concepto un poco más a fondo, porque es importante. El condicionamiento está diseñado para abrir una sensibilidad que probablemente no tienes en absoluto, como en el caso de los pit bull del banco de inversiones. No tenían idea de que no veían algo que el cliente buscaba de manera desesperada.

Una vez me pidieron darle retroalimentación a una mujer que hacía una importante presentación de ventas frente a un grupo de inversionistas. Tenía unos ojos azules penetrantes y rasgos hermosos, vestía con buen gusto y elegancia al mismo tiempo. Su sinceridad genuina e increíble conocimiento de las oportunidades de inversión que explicaría estaban a la par de su radiante sonrisa y voz tranquilizante.

El problema empezó al hablar. Su presentación no sólo era aburrida, sino que ella estaba totalmente desconectada del grupo. La audiencia dejó de prestar atención y la gente o cabeceaba o veía el reloj todo el tiempo. Su material estaba completamente alejado de su tipo de audiencia.

Cuando le pregunté cómo sintió la presentación, dijo: "Me pareció genial". Le pregunté por qué sentía eso y me respondió: "Bueno, no hicieron ninguna pregunta, ¡así que pensé que había estado bien!".

Insistí: "Si eso es cierto, ¿a dónde se fueron todos los inversionistas? No veo ninguno por aquí que desee más información o listo para hacer un cheque".

Con un poco más de cuestionamiento, lentamente empezó a comprender que necesitaba uayuda. Es casi imposible que la mayoría de los vendedores perros se entrenen a sí mismos. Están en el escenario tan a menudo que les resulta difícil no cegarse con las luces.

Puedo decirte que en más de quince años de enseñar a
otros cómo hacer presentaciones potentes y efectivas, por
desgracia es el escenario más común que experimento. A la
mayoría de los vendedores perros les falta percepción sobre
lo que su audiencia, prospectos y colegas piensan o cómo
están respondiendo. Este fenómeno es el "asesino silencioso" de las ventas. Esos vendedores perros culpan al medio,
al mercado, a los prospectos y a los clientes... antes de echar
un buen vistazo a sí mismos en el espejo.

Con entrenamiento y asesoría, los vendedores perros tienen la oportunidad de recibir una retroalimentación crucial.
En el caso de mi cliente, procedimos a darle entrenamiento
para hacer presentaciones. Después de medio día de entrenamiento, sus estadísticas de presentaciones se fueron por
los cielos.

¡Sin entrenamiento simplemente no ves lo que no ves!

Otro papel crítico del condicionamiento de razas cruzadas es contrarrestar el miedo innato a verse rechazado, aver-
gonzado o humillado. La razón por la cual las personas te-
men cometer errores, enfrentar objeciones o probar algo
nuevo es que sienten terror ante la humillación pública (verse como tontos frente a otros). Y, para muchos, el miedo a la
humillación pública es aún mayor que a la muerte. (¡De hecho, la muerte fue el número tres en una lista que leí hace
poco sobre los principales miedos psicológicos!)

A los perros no les importa porque nunca se rieron de ellos
en la escuela, jamás les rompieron el corazón, rara vez los
castigan frente a grandes multitudes y así sucesivamente.
En consecuencia, la repetición de conductas clave en el entrenamiento está diseñada para curar heridas subconscientes
abiertas en el pasado. Reemplaza esos miedos con respuestas automáticas que generen emoción, alegría y dinero.

El gran hueso

Muchas veces creemos ciegamente que todo nuestro éxito es innato o natural. ¡A veces hasta somos arrogantes al respecto! "¡Tenía que ser yo!" Todas las compañías excelentes del mundo investigan y adoptan las mejores prácticas de otras para crecer y elevar su nivel de competitividad. Un buen vendedor perro debe hacer lo mismo. Nunca debe permitir que el orgullo y el ego se interpongan en el proceso de adquisición de nuevas herramientas.

Recuerda: No necesitas ser un basset hound, pero debes aprender lo que él sabe y adoptar sus habilidades de excelente vendedor perro. No obstante, es importante que sepas y entiendas tu raza y sus fortalezas. Pero es igualmente importante que estés consciente de las fragilidades naturales de tu raza y que estés dispuesto a mejorarlas. No dejes que tu orgullo te permita "justificarte" o "estar en lo correcto" respecto de tu enfoque. Nunca digas: "¡Siempre tengo que hacerlo a mi manera!"

Eso puede haberle funcionado a Frank Sinatra, pero esa actitud deja al vendedor perro cantando un triste *blues*.

9

¿Cómo controlar la jauría?

Reglas de oro de los vendedores perros

Entrenamiento de obediencia

Si los dejas solos, sin guía ni dirección, incluso los perros más domesticados se volverán salvajes, se atacarán entre sí y deambularán sin objetivo de un territorio a otro buscando sobras de comida.

Los vendedores perros son propensos al mismo comportamiento. Si tendrán algún tipo de productividad, necesitan un entrenador que identifique

Siéntate, rueda, ve por la varita, hazte el muertito.

-Mmm- Yo siempre quise ser un científico genial.

DOGGIE

¡Nunca subestimes el talento de tus perros!

su raza, entienda fortalezas y debilidades inherentes para poner a cada can en el puesto correcto y tener éxito. Necesitan un entrenador que sepa cuándo aflojar la correa y dejar que el vendedor perro corra libre, pero que también esté listo y dispuesto a jalar la correa de castigo, cuando uno de los vendedores perros se salga de la línea.

En el mundo de los vendedores perros, los excelentes vienen en diferentes variedades y mezclas de razas. Y es importante entender que no tienes que ser un pit bull de raza pura para tener éxito en las ventas.

Uno de los mayores mitos que este libro trata de disipar es la afirmación de que sólo hay un molde de éxito en las ventas. Si eres un entrenador de perros frustrado o un vendedor que lucha por encajar en el resto de la jauría, anímate. Todos los perros pueden cazar. Puedes ser un "buen chico" con gran integridad, compasión y corazón y ser un excelente vendedor perro. *No* tienes que ser patán y ruin, alguien en extremo agresivo, fan de las llamadas en frío ni alguien muy duro para ganar el juego.

No tienes que ser un pit bull para alcanzar éxito en las ventas. Pero necesitas saber qué eres y qué razas están en tu jauría, de modo que puedas diseñar tu enfoque y estilo de comunicación.

Recuerda, así como los vendedores perros tienen su personalidad única, también la tienen los clientes y prospectos. Empatar tu fuerza de ventas con clientes, prospectos y territorios adecuados al inicio te ayudará a crear relaciones. Y a medida que los vendedores perros progresen y desarrollen rasgos exitosos de varias razas, serán capaces de tener éxito en casi cualquier condición y territorio.

Por ejemplo, si quieres facilitar una buena relación y maximizar éxitos potenciales, tendría sentido enviar un

retriever y un pit bull cuando el prospecto aprecia lo directo
y la rapidez. No le enviarías un poodle a un apasionado de la
alta tecnología... simplemente se vería como un peso lige-
ro. Tampoco le enviarías un basset a un prospecto poodle.

Un poodle o un pit bull podrían sentirse eternamente frustrados en ventas de contratos gubernamentales, mientras al
basset o retriever les puede ir bien con los numerosos y a
veces tediosos trámites de ida y vuelta requeridos.

También hay ciertos productos que se prestan mejor para
ciertas razas. Las ventas farmacéuticas de alguna manera están desprovistas de los procesos de cierre tradicionales. Es un
juego de relaciones donde, con el tiempo, las instituciones
médicas compran los medicamentos de su elección (territorio
del basset hound). El entrenador de perros debe ayudar a que
cada vendedor perro tenga el mayor éxito posible guiándolo
en la dirección apropiada. No hay una sola forma de enseñar
y desarrollar tu equipo. El programa de entrenamiento, y en
particular de asesoría, debe diseñarse para cada vendedor perro de acuerdo con las tendencias de la raza. Pero recuerda
que también es muy importante no categorizar en exceso a tus
sabuesos, pues cada uno es diferente a su manera.

Para controlar a los pit bull es importante darles toneladas
de retos. Les encantan las cuotas, concursos de ventas y formas
en las que pueden mostrar sus destrezas y resultados en compa-
ración con los de otros. Dales un reto imposible o de alto riesgo. "Sé que no hay forma de que alcances esta cifra. Simplemente es imposible, pero ve qué puedes hacer." Dales el rastro
a seguir o una pronta victoria y déjalos correr un poco sueltos.

Por otro lado, este ambiente pondría incómodos a los
retriever porque los coloca en una situación de ganar/perder
y los retriever prefieren ganar/ganar. Les disgusta poner sus
propios intereses por encima de los de otros.

Sin embargo, si agregas un giro incluyendo un concurso adicional que mida la satisfacción del cliente, puedes usar una técnica de pit bull para alcanzar una meta de retriever. Tener una comprensión profunda de lo que motiva a tu vendedor perro te permitirá alcanzar los resultados que buscas.

Tus pit bull no están demasiado preocupados porque muestres tacto o te pongas un poco rudo. Son más felices en el cuarto de los casilleros que en el "club de golf" y creen que las ventas son un deporte de contacto. Dales instrucciones claras y concisas y mándalos a trabajar, a hacer llamadas en frío en terrenos industriales sucios y no se quejarán. Se sienten cómodos entrevistando a grises supervisores de producción, conductores de camiones o a cualquiera que crea en arremangarse la camisa y hacer frente a un día de trabajo arduo. Si necesitas generar actividad en un territorio dormido, son la raza adecuada. Y siempre dales tiempo para contarte algunas de sus "historias de guerra" sobre cómo enfrentaron "tareas imposibles" en el pasado y déjalos continuar el ataque. ¡Les encanta!

Mientras estén activos y persiguiendo algo estarán felices. Preferirían perseguir su propia cola antes que sentarse a esperar pacientemente que pasen las cosas. Todo el tiempo debes enfocar ese deseo y energía para buenos usos.

Los poodle deben verse bien a toda costa y es la clave para controlarlos con éxito. Asegúrate de que sepan qué se necesita para obtener estatus de "perro de alto nivel" como vendedores perros. Permíteles tener campo de acción para hacer contactos "adecuados" con personas "adecuadas" y lo harán muy bien. Probablemente les encantan los juguetes como agendas del tamaño de la palma de la mano, plumas Mont Blanc, joyería, ropa de diseñador y autos deslumbrantes. Conocer esta obsesión es el secreto para motivar a los poodle y tú debes saber qué lleva a tu gente al éxito: para los poodle es algo fácil de entender, porque usan el éxito, lo conducen... ¡y se lo ponen enfrente al mundo para que lo vea!

Desafía a los poodle diciéndoles que tienen la oportunidad de hacerse de un "nombre". Explícales que si juegan bien sus cartas, tendrán a muchas personas trabajando para ellos e incluso podrían volverse famosos en la industria y en la comunidad, ¡y tal vez un día hasta escriban un libro! Les encanta tener la oficina de la esquina con excelente vista y eso ya puede motivarlos a hacer milagros por la causa corporativa.

Motívalos haciendo que se unan con la mayor cantidad de gente posible y consigan recomendaciones. Pídeles que hagan presentaciones y se aseguren de invitar a personas importantes para que los vean… se van a estresar, ¡pero al final van a brillar! Diles que mientras más presentaciones hagan, más pronto se convertirán en la fuerza con la que deben reconocerse y más fáciles serán las ventas.

Permite que tus retrievers pasen tiempo con clientes con los que ya trabajas o con prospectos porque les encanta hacer feliz a la gente. Aflójales la correa para que pasen mucho tiempo con el cliente, aprendiendo y entendiendo cómo proporcionar un servicio excelente. Asegúrate de que dediquen tiempo a reportar qué tan bien ayudó al cliente el producto o servicio, porque es la fuerza que mueve a los retrievers. Esa raza es tu mejor vendedor para el "final de la cadena". Olfatearán por todos lados como un detective en busca de formas nuevas e instintivas de seguir ayudando a los clientes ya ganados. Este seguimiento hace que esta raza gane una pequeña fortuna en ventas adicionales, mucho después de que su comisión inicial ha pagado la hipoteca.

Al sentir que están "haciendo" algo realmente único e importante por tus clientes responderán con lealtad heroica. Con tus retrievers, necesitarás ser muy sensible y responsable respecto de los defectos del producto y del servicio, porque juzgarán tu integridad con base en qué tan comprometido estés con tus clientes. Nunca te retractes de una garantía ni de una promesa que hayas hecho a los clientes de tus retrievers o perderás su confianza y, en consecuencia, las ventas se verán afectadas.

Por otro lado, si respondes a sus necesidades de servicio y a sus promesas, tus retrievers marcharán hacia adelante con un fervor visiblemente devoto por sus productos y servicios. No hay freno para un retriever cuando la "misión es servir".

Mientras un pit bull puede retirarse sin una pizca de arrepentimiento de una plática de ventas mal llevada a cabo, tus retrievers pueden verse muy afectados. Dales el apoyo y el entrenamiento necesarios para que se sientan seguros de que podrán servir a sus prospectos y clientes con conocimiento y profesionalismo y cada vez regresarán a casa con el tocino en la boca.

A los chihuahueños es muy importante darles tiempo para analizar el producto, la información de la industria o la investigación del mercado local. No hay nada que los asuste más que hacerles una pregunta que no puedan contestar. Para ellos, el conocimiento es poder y si permites que se vean "técnicamente rebasados" por un prospecto, bien puedes mandarlos directo al manicomio de los cachorros.

Por extraño que parezca a los entrenadores de otras razas, los chihuahueños realmente necesitan saber todos y cada uno de los detalles sobre lo que están vendiendo. Ningún otro vendedor perro tiene una mejor habilidad para convertir información aparentemente oscura e inútil en municiones para cerrar tratos.

Si creen en el producto o servicio, su tenacidad e intensidad hace que sus argumentos sean difíciles de refutar. Dales las características para compararlas con las de la competencia. Tendrán un día fructífero y nunca se rendirán.

Lo bueno es que la investigación que consiguen los chihuahueños puede beneficiar a toda la jauría. Haz que encuentren todos los puntos sobre el producto o servicio, ventajas, vericuetos y beneficios. Permíteles investigar por completo a la competencia de modo que tengan claro qué hace que su producto o servicio sea realmente único y mejor. Una vez que lo sepan, pueden sintetizarlo para el resto del grupo. Esto los mantendrá funcionando y les dará un gran sentido de pertenencia e importancia.

A los basset hound recuérdales con tacto que para su familia son ejemplo y sustento. Quizá parezca un truco cruel, pero a veces los basset pueden tener poca motivación y necesitan un impulso amistoso de vez en cuando.

Tal vez debas empujarlos fuera de la oficina periódicamente, ya que tienden a ser un poco sedentarios (¡sí, flojos!). Les gusta acomodarse con una taza de café caliente y "pensar" en cosas. Mantenlos fuera de la oficina y de las cafeterías y ponlos cara a cara con los prospectos donde pueden crear las excelentes relaciones de que son capaces.

Los basset probablemente requieren el más alto mantenimiento de todas las razas si no conoces sus fortalezas. Dales buenos prospectos para que los olfateen y déjales saber que un trato está justo a la vuelta de la esquina si se mantienen trabajando en ello. Alábalos por su habilidad de rastreo y hazles saber que estarás ahí para apoyarlos en el cierre.

Son como el legendario investigador privado de la televisión, Columbo, quien siempre era considerado una molestia
y un poco prescindible por su apariencia desaliñada. Hacía
que el sospechoso tuviera una falsa sensación de seguridad
y luego... ¡bum! Los basset son exactamente así. Diles que
necesitas a alguien con buen olfato para los tratos con el fin
de conseguir más prospectos y participación de los compradores. Haz que averigüen quién está comprando qué de quién.

Otro rasgo especialmente fuerte de los basset es su habilidad para calmar a los clientes alterados, sobre todo en el
caso de que haya un problema o falla del servicio. Sus habilidades uno a uno y su profundo sentimiento de integridad
son increíbles.

Un basset que conocí en el negocio de fletes aéreos era
una verdadera leyenda. Su compañía trabajaba con una cuenta
de distribución farmacéutica de 15 millones de dólares. Esa
mercancía perecedera tenía que ser entregada en tiempos muy
específicos en ubicaciones a veces muy oscuras de todo el
país. En vista de una serie de graves fallas de servicio, en las
cuales casi la mitad de los productos llegaron tarde o mal
documentados, ese basset fue con el cliente, quien además
de estar a punto de pasarle el negocio completo a otro le
retenía un pago por daños. Sin embargo, como resultado de
las conversaciones, el basset no sólo salvó la cuenta, pues le
vendió otros 7.5 millones de dólares al mismo cliente. Eso
requiere de sinceridad, honestidad y humildad por parte del
basset.

No obstante, algunos sufren de "envidia a los poodle". Es
importante que te asegures de que entiendan que sus habilidades innatas para hacer muchos buenos amigos y forjar
confianza les permitirán competir con cualquier raza. Una
palmadita por aquí y una croqueta por allá servirán mucho.

Dales un poco de espacio adicional para que pasen tiempo con sus prospectos. Mediante sus habilidades, serán capaces de ganar tratos prácticamente imposibles para cualquiera de las otras razas.

La clave en el entrenamiento de los vendedores perros es recordar que lo que le funciona a una raza a menudo no resulta con otras. Diferentes cosas motivan a diferentes vendedores: los entrenadores de perros excepcionales lo saben y diseñan su enfoque para cuidar a cada raza.

Los pit bull y los poodle adoran ser campeones y harán cualquier cosa por lograrlo, mientras para un amigable basset hound o un chihuahueño eso puede ser secundario. ¡El golden retriever sólo quiere saber que alguien lo quiere!

¡Debes conocer las razas que hay en tu jauría!

Dianne, una ganadora de ventas corporativas millonaria, lo explica bien:

Muchas ventas se basan en la relación y el servicio es un componente crítico de credibilidad durante el proceso de venta inicial (te están juzgando), y es lo más importante para la lealtad constante del cliente. En el servicio descubres los requerimientos del cliente, ahí está tu oportunidad de repetir transacciones, vender más y hacer ventas cruzadas. ¡El servicio es ventas! Puedes tener ciertos vendedores "perros" que sobresalgan en la venta inicial pero no en el servicio. En consecuencia, tú y tu organización deben saber qué tipo de "perro" eres y si es necesario incluir al resto de la jauría para que se encargue del servicio constante. El problema, por otro lado, es que si te concentras sólo en un servicio de calidad para el cliente eso no traerá consigo una venta… debes seguir cerrando, cerrando, cerrando la venta.

¡Dianne es un pit bull con ropa de retriever!

Entrenamiento en casa

El temperamento y actitud de cualquier raza de perros se determina sobre todo por cómo se les cría. ¡He visto rottweiler que eran las criaturas más gentiles sobre la tierra y terrier diminutos que te arrancarían un brazo! Para tener una jauría llena de vendedores perros bien entrenados y disciplinados se requiere entrenarlos a todos con cuidado y respeto. ¡De otra forma, perderás mucho tiempo con bozal, recogedor de desechos y guantes de plástico, limpiando los desechos que van dejando atrás o salvando a los niños del vecino!

Todos los perros necesitan ser acariciados y elogiados para crecer con disposición agradable. Los vendedores perros también necesitan que los apapaches, son animales simples. Así como el golden retriever quiere que le rasques detrás de las orejas, los vendedores perros viven para el halago y que le acaricies el ego. Incluso se sabe que algunos vendedores perros sacrifican la recompensa financiera por una chispa de fama y halago. Viven para ser leyendas.

Nunca he sido partidario de restregarle la nariz a un perro en sus heces para hacerlo aprender, aunque hay gerentes que lo harían con sus vendedores perros. Por lo general, esos gerentes no obtienen los resultados de ventas que lograrían con un enfoque más positivo. Para entrenar en casa a cualquier perro, sólo llénalo de halagos cuando haga sus desechos afuera. Y corrígelo de inmediato cuando no sea así.

Los vendedores perros son iguales. Cuando finalmente hagan lo que deseas, cúbrelos de reconocimiento. Y sé claro en relación con lo que hicieron bien. "Hiciste un excelente trabajo la semana pasada", es demasiado vago y carece de credibilidad. Además, actúa de inmediato con halagos y correcciones. "Hiciste un excelente trabajo hoy cuando frenaste la objeción del cliente sobre el precio, realmente escuchaste para entenderlo, bien hecho." Esto refuerza la habilidad de recibir reconocimiento y lo hace sentir importante porque le prestaste atención.

La mayoría de las razas responden bien al reconocimiento, mientras los perros constantemente golpeados y regañados se vuelven malvados o despojos temblorosos. Ninguno de los dos es bueno en las ventas. Ignorar su comportamiento es lo peor que puedes hacer, pues los vuelve cachorros descarriados y flojos.

Uno de mis clientes opera más de 200 franquicias de ventas al menudeo. En un año encontramos que las ventas por persona incrementaron varios puntos porcentuales si los gerentes de piso celebraban o reconocían activamente las victorias de cada persona de la tienda. No se necesita mucho esfuerzo para activar el deseo natural de ganar de los vendedores perros. Simplemente diles: "¡buen perro!", y acarícialos detrás de la oreja de vez en cuando o ráscales la pancita.

Para crear una ética y entendimiento compartidos entre la jauría debe haber un Código de Honor, Código de Conducta o "reglas de la casa" que todos los perros acuerden seguir.

LAS REGLAS BÁSICAS DE LA CASA

1. **No hagas pipí ni popó dentro de la casa**. Si causas un desastre, eres responsable de limpiarlo, sin importar las circunstancias. Nunca eches tus problemas a los demás ni donde no corresponden.

2. **Prohibido ladrar, lloriquear, gruñir o mostrarse malhumorado si no es necesario**. Prohibido señalar con el dedo, proferir insultos personales o quejarse. Asume tus

responsabilidades. Si tienes un problema dirígete a la persona involucrada y no actúes a sus espaldas.

3. **Ve cuando te llamen**. Sé responsable de tus resultados.

4. **No muerdas ni raspes los muebles**. No hables mal de otros miembros del equipo… nunca. En especial ante prospectos o clientes.

5. **Mantente lejos de los muebles**. Nunca tomes ventaja ilícita del apoyo o posición de otra persona, sean compañeros de jauría, prospectos o clientes.

6. **No ruegues en la mesa**. No busques lástima por malos resultados, ni culpes a otros o esperes ayuda. Gánate tu propio alimento.

7. **No robes comida de la mesa, alacenas o refrigerador**. (¡El perro de mi hermano de hecho es capaz de abrir el refrigerador por sí mismo y tomar un refrigerio!) Sé honesto y actúa con integridad en todos los asuntos. Sé abierto en todos los casos.

8. **No deambules por ahí**. Respeta el territorio de cada persona e informa a los demás sobre posibles conflictos o traslapes. Mantente enfocado en las tareas que tienes a mano. Que no haya conflictos de interés.

9. **No saltes sobre las personas**. Sé claro en cuanto a una definición común sobre ser profesional y que todos acuerden actuar siempre conforme a esa imagen.

10. **Celebra todas las victorias**. Celebra incluso las pequeñas, tuyas y de otros.

Las anteriores son sólo algunas reglas que unirán a tu jauría y que harás que pase de ser un grupo dispar de perros a un equipo de vendedores perros de campeonato. Cuando la presión sea alta y la mayoría corra a resguardarse, tus vendedores perros se mantendrán unidos y ganarán.

Entrenamiento de cachorros

Hacer que se levanten y corran es un arte. Los vendedores perros que no se manejan adecuadamente cuando son jóvenes siempre serán un problema. Es dulce y tierno cuando un cachorrito te salta encima... con toda su exuberancia juvenil. Pero cuando estás acostado boca arriba con un cachorro de 60 kilos babeando sobre tu pecho, de pronto no es tan tierno, ¡por no mencionar que es doloroso!

Por desgracia, he conocido unos cuantos vendedores así. Es más fácil instaurar en él un comportamiento adecuado cuando es nuevo que corregirlo más adelante. Sí, los perros viejos pueden aprender trucos nuevos, pero los antiguos hábitos son difíciles de erradicar.

La mayoría de los cachorros no dominan el entrenamiento de obediencia ni se acostumbran a hacer sus necesidades donde deben de la noche a la mañana, pero con el entrenamiento adecuado harás que se comporten como campeones.

El proceso es bastante simple:

Empieza dando a tus cachorros tareas fáciles que les permitan lograr sus primeras victorias. Al principio no los envíes a vender. En cambio, encárgales leer seis artículos relacionados con el producto y que reporten al grupo lo aprendido. Diles que lean tres manuales y pídeles dar tres demostraciones.

Haz que visiten diez instalaciones y pídeles compartir con el grupo de ventas lo que aprendieron; que vayan a observar o a trabajar gratis con tu mejor cliente durante algunos días.

Haz que aprendan sobre la industria en la que trabajarán.
Si vendes bienes raíces, pasa un poco de tiempo con un constructor, un contratista y un prestamista. Si se trata de seguros, ve a la biblioteca e investiga la historia de las aseguradoras durante los últimos cinco años; echa un vistazo a todos los encabezados relativos en la primera plana de *The Wall Street Journal* durante el último año.

PROBLEMAS

Hace años, uno de los prospectos más importantes que tenía se dedicaba a la venta de alimentos. Como yo no sabía nada sobre ese negocio, decidí estudiar de primera mano. Barriendo pisos y descargando camiones durante una semana, aprendí más sobre su negocio de lo que pude saber por revistas del ramo o perfiles de la compañía. Más adelante me honraron con la mayor venta en la región ese año.

Ponlos a hacer sólo llamadas telefónicas. Pídeles que lleven a cabo encuestas para descubrir lo que quieren sus clientes. Deben hacer por lo menos 25 antes de seguir adelante.

Arrójales algunos huesos. Asegúrate de que cada tarea completada con éxito sea reconocida y celebrada con palabras de aliento o una palmadita en la cabeza. Eso crea impulso y los mantiene trotando en el camino hacia el éxito.

Da a tus cachorros un poco de tiempo para crecer. Muchos gerentes los avientan a lo salvaje esperando que algunos mueran y otros sobrevivan. Es pérdida de tiempo y dinero y tiene un impacto negativo innecesario en el espíritu humano. La mayoría de los perros pueden cazar, pero requieren un entrenador paciente. Recuerda, ¡dales tareas pequeñas, de bajo riesgo!

Entonces, cuando tus vendedores perros empiecen a graduarse para hacer llamadas de ventas en la vida real, no resentirán las negativas.

Habrán construido una fuerza que los llevará a través de las tormentas. El impulso es absolutamente clave para el éxito de tu equipo de ventas. Asesóralos, halágalos y asegúrate de que asuman su responsabilidad a lo largo de todo el camino.

Siempre se puede decir cuando un perro ha crecido en buena casa. ¿Cómo se desempeñarán tus vendedores perros cuando estén listos para salir al mundo? Enséñales desde el principio con paciencia y respeto, la recompensa será enorme… para ti y los cachorros.

¿Cómo construir un equipo de vendedores perros de alto desempeño?

De modo que has reconocido tus razas, tienes tus viejos perros, estás formando a tus cachorros y sabes quién es quién en la jauría. ¿Ahora qué?

Idealmente, quieres que tu jauría juegue y aprenda con espíritu de diversión y camaradería, pero también con disciplina. Muchos gerentes cometen el error de ignorar el potencial de crear un equipo de ventas excelente… sostenido por el trabajo duro y la paciencia necesarios. Algunos eligen abando-

©EINSTEIN

El amor de los cachorros
debe ser controlado

nar a las jaurías a sus propios medios, en cuyo caso la supervivencia es del más fuerte, no necesariamente del mejor. Como esta atmósfera es dañina para ciertas razas, el resultado es una jauría desequilibrada donde la confianza y el trabajo en equipo se convierten en avaricia y puñaladas por la espalda.

He visto a gerentes usar el enfoque de "divide y vencerás", que pone a los vendedores en directa competencia entre sí. La competencia es buena, siempre que no sea destructiva. Porque aunque puede crear mucha actividad inicial e incluso impulsar ventas a corto plazo, crea un drama y a veces trae consigo una atmósfera descontrolada. Al final dañará la imagen, la eficiencia y los resultados. Los equipos de ventas que he observado bajo ese modelo se comportan como jauría de perros salvajes muertos de hambre, que se roban entre sí las sobras, pelean hasta por los temas más insignificantes y acechan sin piedad al más débil del grupo. Tienden a rodear y consumir a los animales (tratos) pequeños y se disputan los restos en vez de unirse y derribar al búfalo del que pueden vivir durante semanas.

En contraste, examina al equipo que gana un campeonato Iditarod: libra todos los obstáculos, elimina la adversidad y sus miembros se protegen entre sí del frío y los elementos. Durante los últimos doce años hemos ayudado a algunas organizaciones a crear Equipos de Campeonato en los que cada miembro se convierte en superestrella a su modo y los resultados del equipo son mucho mayores a la suma de sus partes.

Hace algunos años, uno de mis clientes recibió algunos comentarios dañinos de la prensa respecto de ética y prácticas cuestionables. Yo había trabajado con un equipo durante aproximadamente un año: desarrolló un Código de Honor muy estricto y aprendieron, después de mucha confrontación, que en realidad podían confiar entre sí. Aunque los comentarios negativos de la prensa habían hecho que muchos clientes importantes se retiraran de la compañía y buscaron resguardo, ese grupo se unió para llevar a cabo millones de ventas para su país y región. Vieron el ataque de la prensa como una llamada a las armas, no para ponerse a resguardo.

Así como el equipo que lleva un trineo se mantiene unido y se vuelve fieramente leal en condiciones adversas, uno de vendedores perros bien asesorados seguirá su Código y nunca abandonará a sus compañeros de equipo en momentos de necesidad. Las mayores ventas han sido siempre llevadas a cabo por equipos excelentes.

Aunque el gerente debe ser el líder indiscutible, nunca debes mandar exclusivamente con mano de hierro, a menos que también estés dispuesto a mostrar el lado suave y de apoyo. Ningún gran entrenador se sale con la suya siendo un tirano siempre. Si tu estilo es ser duro, debes mostrar tu lado blando para que tus perros sepan que en realidad estás de su lado. Cada miembro del equipo de ventas debe tener la facultad de señalar un comportamiento cuestionable, así como hacer halagos cuando corresponda.

De hecho, los mejores gerentes de ventas que he visto son quienes dejan las correas lo suficientemente sueltas para que los perros corran pero tan cortas para mantenerlos alejados del tránsito.

Si quieres motivar a cualquier jauría o grupo de perros, hay una lista que incluyo aquí y que funciona para todos los equipos. En nuestras sesiones de entrenamiento en vivo y en la serie de cintas esos puntos se desarrollan a gran profundidad y detalle.

LISTA DE ASPECTOS PARA MOTIVAR EQUIPOS DE VENTAS DE ALTO DESEMPEÑO (YO LA LLAMO "LA LISTA")

1. ¡Celebra todas las victorias! Reconoce de manera activa la participación y las tareas bien hechas.
2. Establece el Código de Honor (reglas de la casa) y "haz patente" toda infracción.
3. Apoya las victorias y "experiencias de aprendizaje" pronto y con frecuencia.
4. Usa la presión de colegas para motivar a la jauría.

5. ¡No intentes enseñar a cantar a los puercos! (de este aspecto me ocuparé más adelante.)

6. Usa términos comunes como "experiencias de aprendizaje" y "apoyo" en vez de frases corporativas rebuscadas.

7. Alimenta la "mano brillante". Cuando uno de tus perros esté en marcha, atiza el fuego hasta que dé resultados.

8. Fija metas de corta duración que se puedan lograr rápida y limpiamente. La mayoría de los perros tienen muy poca idea del futuro. Apenas piensan en algo que esté más allá de la hora de la cena.

9. Haz que tus perros practiquen a menudo pararse en el "punto álgido" de la presión, confrontación y desafío, de manera que se acostumbren a él. Asegúrate de reconocer la emoción que surja. El binomio objeción/rechazo de los vendedores perros los condiciona de manera sistemática para lidiar exitosamente con emociones.

10. Controla y atiende las necesidades emocionales más que las tangibles.

11. Haz que sientan su contribución a un propósito más importante. A los perros les encanta servir.

12. Establece y mantén un comportamiento ritual, actos y rutinas que favorezcan al equipo, la familia y la camaradería.

13. Siempre busca campeones y aliados dentro del equipo y úsalos para dirigirlo.

14. Busca y reconoce a los héroes todo el tiempo.

15. Encuentra una forma de cambiar el medio, estado de ánimo, rutina o ubicación física cuando el equipo se atore mental o emocionalmente. Los perros que se acuestan en el sofá mucho tiempo se aletargan.

16. Controla y enfócate en energía y emociones todo el tiempo.

17. Arrójales de vuelta sus problemas para que ellos los resuelvan. Lanza la carne de regreso a los lobos.

18. Practica la Rueda de la Ruleta del Liderazgo. Quien tenga la "idea brillante" o la "mano brillante" en un momento, será el líder espiritual del grupo.

19. Puedes mostrar tu lado duro en cuanto a mantener las reglas del juego o el Código de Honor, pero equilíbralo con el lado suave (el del apoyo).

20. Debes saber cuándo ayudar a otros, cuándo ser un campeón o cuándo tomar el control momentáneamente.

21. Cuando sientas que algo se está cocinando o que una forma de pensar se estanca en la superficie, sácalo a la luz y dilo con todas sus letras… como lo ves o lo sientes. (¡Aunque pudieras estar equivocado!)

22. ¡Sé un estudioso de personas: psicología, administración, cambio y "perros"!

10

Creencia perruna
Cuatro formas de pensar de los vendedores perros campeones

Los seres humanos parecen pensar que tienen un cerebro complejo. Tenemos cortezas, sistemas límbicos, cerebros reptilianos... ¡y todo tipo de cosas! Un buen cerebro es útil para determinar tus impuestos, recordar tu aniversario o leer este libro. Pero, en ventas, demasiada materia gris a veces puede estorbar.

Por otro lado, los perros son criaturas muy simples con cerebros más bien pequeños. Por lo general reaccionan de manera positiva a lo que sucede alrededor porque no analizan demasiado ni teorizan en exceso ni se critican más de la cuenta. Viven el momento. Responden directamente a las simplicidades de dolor, placer, amor y respeto.

La persecución de un *frisbee* por un golden retriever está por completo enfocada en el éxito. Probablemente no padece insomnio durante la noche pensando en si atrapará el *frisbee* al día siguiente o no. Sólo sabe que lo quiere atrapar cuando se lo lanzan, ¡y no importa nada más!

Si fuera un ser humano, para cuando llegara al parque estaría estresado al máximo y preocupado por lo que otros dirán si no lo atrapa. ¡Se preguntaría a quién va a decepcionar si lo deja caer y ya estaría pensando excusas! El cerebro humano tiene un don sorprendente para relacionar hechos totalmente inconexos y crear supersticiones, rituales y sistemas de creencias extraños y maravillosos.

A veces llegamos a conclusiones complejas cuando ocurre algo fuera de lo normal... bueno o malo. Por ejemplo, haces una llamada y sale especialmente mal, conviertes la presentación en un desastre y el prospecto se porta rudo.

Como nuestro cerebro es un mecanismo para buscar placer/evitar dolor, buscará atribuir esos hechos a algo único. La conclusión podría ser tan ridícula como: "Hoy me lavé el cabello con champú nuevo". Y si tienes otra experiencia dolorosa (de cualquier tipo) y usaste ese mismo champú en la mañana, tu sistema de creencias relaciona el dolor con ese champú, así que de manera repentina dejarás de usar ese champú. Es una descripción muy simple, pero el punto es que tendemos a encontrar correlaciones entre hechos o sucesos desvinculados. Podría tomar la forma de un traje "de mala suerte" la manera como empezaste tu día o la última conversación con tu jefe.

La calidad de tus decisiones determina la del resultado. Si tus decisiones se basan en un sistema de creencias equivocado, los resultados serán incorrectos.

Así que recuerda, la próxima vez que te rechacen, te pidan que realices una tarea difícil o debas enfrentar el miedo: ve lo que en realidad es en ese momento. Simplemente atrapa el *frisbee*: ¡sé un perro!

¿Alguna vez has observado que algunas personas parecen tener "el toque mágico"? Sin importar lo que intenten, tienen éxito. Durante más de veinte años de desarrollo personal siempre me he preguntado cómo sucede eso. Ahora me parece que se debe a que instintivamente piensan como perros.

Los perros tienen cuatro disciplinas básicas en cuanto a mentalidad que, una vez integradas, pueden cambiar de manera drástica los resultados en todas las áreas de la vida. Con esas disciplinas, tú también puedes tener el "toque mágico".

¿Te interesa?

La primera pregunta crítica es "¿Estás dispuesto a pensar verdaderamente como perro?" Si tu ego lo permite, estoy seguro de que tu cuenta bancaria lo apreciará, porque esas formas de pensar explican por qué algunos perros pueden cazar (vender) y otros nunca logran ganar.

Dichas formas tratan sobre cómo lidias mentalmente con cuatro áreas críticas que todo el mundo enfrenta a diario:

1. Haciendo frente a desafíos o adversidad: enfrenta el reto.

2. Respondiendo a una experiencia negativa: encierra el diálogo negativo.

3. Respondiendo a una tarea exitosa: celebra todas las victorias.

4. Visualizándote a ti y a otros en tu equipo: proyecta el poder de tu intención personal.

La fórmula del éxito para los cuatro puntos anteriores requiere de unos minutos para aprenderla y unos segundos para aplicarla, y garantiza un efecto positivo en todas las áreas de tu vida. Disfruta de más ventas y dinero, mejor salud, más tranquilidad y felicidad. Es una fórmula demostrada, que he estado usando durante más de quince años para ayudar a organizaciones a hacer millones de dólares, mediante asesoría de vendedores perros millonarios, creando equipos de trineos de vendedores perros de campeonato, jugadores de alto desempeño y líderes de motivación.

Usar esas formas de pensar de manera sistemática ha demostrado una mejoría de las ventas de 30 a 80 por ciento. E incluso es posible probar algunas de esas formas de pensar con anticipación para predecir y alterar el desempeño futuro.

1. Enfrenta el reto

Aceptar un reto o enfrentar la adversidad puede ser intimidante y a menudo ocasiona ansiedad. La mayoría de los perros de alto desempeño son capaces de aceptar tareas muy desafiantes por su condicionamiento y entrenamiento. Para inspirarse, dependen de bancos de memoria muy simples que les dicen qué recompensa recibirán tras completar con éxito una tarea. No recuerdan las veces que han fallado, a menos que esos momentos se relacionen con castigo o dolor.

El golden retriever probablemente no se envenena la mente con visiones de fracaso. Por su ávida expresión de emoción y entusiasmo puros sabes que espera tener éxito… tendrá ese toque mágico. Lo único que puede ver es la caricia, dulce o apapacho que le espera. Confía en éxitos anteriores, al tiempo que deja diluir los fracasos. A partir de su pasado, hay una serie de recuerdos del éxito que pueden aprovecharse para darle fuerza en el presente y valor en el futuro.

Cuando la leyenda del basquetbol Michael Jordan habla sobre cómo maneja la presión de tener siempre el balón en las manos al final de cualquier juego, dice: "No trato de visualizarlo o meterme en ello".

En cambio, recuerda con vívido detalle los últimos segundos llenos de drama de la final del Campeonato Nacional de la NCAA de 1982 cuando hizo una anotación de 22 casi desde la línea de salida para ganar el campeonato para Carolina del Norte. Comenta que cuando un reto es inminente, se imagina ese momento de 1982 y se dice: "Bien, ya he estado en un caso así", se calma y espera que algo positivo resulte (tomado de"*Sacred Hoops*, de Phil Jackson).

Incluso cuando no has tenido éxito exactamente en esa situación, busca una experiencia similar de tu pasado de modo que puedas sentir confianza y tranquilidad para ayudarte en el momento presente.

RESUMEN

El presente puede crear emociones intensas, lo cual puede producir baja inteligencia y, en ocasiones, ingenio bajo. La fuerza puede venir del pasado. Aprende a capturar esos éxitos y a usarlos en el presente.

---

2. Controla el diálogo negativo

La disciplina más fenomenal es aprender cómo controlar el diálogo mental que se presenta durante la adversidad.

¿Alguna vez has visto a un perro deprimirse por no atrapar al *frisbee* frente a otros perros? ¿Alguna vez te has encontrado a un perro que se rinda tras intentarlo una vez? ¿Alguna vez has visto a un perro lamentarse, sentarse en una equina y decirse lo estúpido que es por dejar caer la pelota de tenis? Y, por cierto, ¿alguna vez has observado a un perro atrapar a un gato? Los han estado persiguiendo du-

Perro-estima en mal estado

rante miles de años y dudo que algún perro haya atrapado un gato. ¿Acaso se quedan tirados en el piso, con las patas sobre la cabeza, llorando porque la vida no funciona? ¡Simplemente encuentran otro gato!

La adversidad es parte de la vida. Que te rechacen es parte de las pruebas naturales y del proceso de retroalimentación de la vida. Puedes quemarte la lengua con la sopa un par de veces hasta descubrir la temperatura correcta para comer. ¡Se trata de probar! No dejas de comer sopa o la comes sólo fría durante el resto de tu vida.

Los perros mantienen alta su energía y siguen intentándolo hasta obtener la respuesta que quieren. No necesitan una fórmula, lo llevan en la sangre.

Los vendedores perros, por otro lado, necesitan la fórmula ganadora para evitar que su cerebro sufra un colapso. A continuación hay algunas claves para mantener tu cerebro en orden y concentrado en las ventas.

Primero, contrario a lo que sostienen muchos programas tradicionales *New Age*, es crítico saber cómo *externar* el evento. Eso significa que es importante atribuir la causa del problema a circunstancias *fuera* de tu control. En otras palabras, cambia el enfoque de culpa y ubícalo lejos de ti.

Por ejemplo:

- ✔ El prospecto está teniendo un mal día.

- ✔ Hay mala sincronía.

- ✔ Es un día en que el cabello no se te acomoda.

- ✔ La información era inaccesible para ti.

- ✔ Se debe a problemas personales de alguien más.

Básicamente, es importante que mantengas tu casa mental limpia de basura que la dañe. No puedes permitir que un impulso negativo sea reflejo de ninguna otra parte de tu vida, tu negocio o tu ciclo de ventas. Que un prospecto hubiera rechazado tu llamada en frío no significa que toda tu semana vaya a ser mala. No significa que tu ciclo de ventas inherentemente esté defectuoso o que no estés hecho para ser vendedor. Y no significa que nunca vayas a tener en orden tus finanzas. Aquélla es la charla de un cerebro loco. Un perro nunca soñaría con hacer correlaciones tan extrañas y aleatorias.

¡Ser responsable no significa que todo lo malo que te suceda sea causado por ti!

Asumir que eres la única causa de todas las experiencias negativas puede resultarte increíblemente dañino. Esto no significa que no aprendas de tus errores. Sólo significa que no permites que los errores arruinen tu bienestar mental. Esta habilidad para explicar y lidiar con la adversidad se puede encontrar en la forma de pensar de todo gran vendedor, jugador, equipo, entrenador e inversionista.

Tú *eres* responsable de cómo respondes, de cuál será tu siguiente acción o de cómo interpretas la experiencia… pero no necesariamente eres la *causa de la experiencia en sí.*

¡Ni siquiera importa si tu conclusión o interpretación es cierta! Tu mente no sabe cuál es la diferencia. Si interpretas que la causa eres tú, tu energía baja. Si ubicas la causa en el exterior, sube, te recuperas más rápido y vendes más.

En segundo lugar, tienes que decirte a ti mismo que el rechazo es un hecho específico, sin dejar que tu cerebro lo interprete como si tuviera una importancia duradera o extendida. Tómalo como es: una persona determinada no tiene necesidad de tu servicio o producto en particular en ese momento justo.

A continuación encontrarás la fórmula para enfrentar situaciones negativas.

¡MEMORIZA ESTO!

1. Primero, se presenta un problema. Debe estar sucediendo en realidad, como dejar tu saco en el aeropuerto... ¡y darte cuenta justo cuando el avión acaba de despegar! O quizá que el prospecto te diga que ya no necesita tu producto.

2. En cuanto descubras el problema, experimentarás una oleada de algún tipo de emoción. Esto debe servir como tu alarma, diciéndote que debes estar al tanto de lo que viene después.

3. El diálogo comienza en tu cerebro.

4. En cuestión de segundos debes superarlo preguntándote: "*¿Qué me estoy diciendo a mí mismo en este momento?*" Esta pregunta obliga a tu cerebro a responder y entonces sales de ti mismo y observas el diálogo interno.

5. Debes identificar primero la emoción real: enojo, frustración, desilusión y así sucesivamente. Pregunta: "*¿Qué estoy sintiendo en este momento?*" En cuanto hayas identificado la emoción, di la palabra en voz alta: "Exacto...

¡es frustración!" Puedes gritarlo o susurrarlo, dependiendo de dónde estés y cómo te sientas. Diviértete con esto… por ejemplo, dilo con acento de Inspector Clouseau.

6. Aproximadamente en diez segundos, reconoces que estás usando una palabra descriptiva "universal" como "siempre", "nunca", "cada vez" o "todo". Por ejemplo: "Esto"*siempre* me pasa a mí" o "*Nunca* lo voy a conseguir".

7. Una vez que reconozcas la palabra universal, haz una pausa, pon una palomita, sonríe y di: "¡Lo tengo!" Pronunciar la(s) palabra(s) equivale a 95 por ciento de la batalla hacia la recuperación instantánea. La sonrisa aligera la carga y eleva tu nivel de energía.

8. Entonces debes corregir mentalmente las palabras universales con algo específico como "esta vez", "sucede que", "resulta que" o "en este caso no funcionó".

9. Llegado a este punto, estarás en condiciones de identificar la directriz interna: "yo", "a mí", "mi culpa", "se trata de mí", "por qué yo" y así sucesivamente.

10. Sonríe otra vez y di "¡Lo tengo!" Luego encuentra una forma de culpar, justificar o dejarlo en manos de circunstancias lógicas. ¡Llevar a cabo esta parte puede ser divertido y gracioso! "Ese tipo estaba de malas hoy" "¡Con semejante copete no es de sorprender que esté teniendo un mal día!" "La competencia fue buena está vez: ¡oigan, hay espacio para todos!"

11. Luego, con base en lo que te hayas dicho a ti mismo, rápidamente crea un cúmulo de datos y evidencia que justifiquen lo que te dijiste: "Estaba cansado por las 24 horas de viaje y un poco agotado cuando coloqué mi chaqueta en alguna parte del aeropuerto", o: "Ese tipo siempre

ha sido amable las demás veces que hemos hablado, sólo hoy se comportó como un imbécil".

12. El paso más importante: Hazte la siguiente pregunta: "¿Cómo quiero"*sentirme* realmente en este momento?" (optimista, espiritual, feliz, emocionado, fuerte, seguro, etcétera.) Hazte la pregunta y luego trata de llevar ese sentimiento a tu interior. Si no puedes, piensa en una experiencia, visión o episodio que te ponga una sonrisa en la cara. En cuanto lo hagas, conserva el sentimiento el mayor tiempo posible (segundos, minutos, ¡horas!). Esto cambiará la energía de tu alrededor. Es la parte mágica. No me preguntes por qué funciona, ¡sólo hazlo! He descubierto que cuando mis emociones o sentimientos comienzan a cambiar, lo demás también cambia. Ejemplo: Me digo a mí mismo: *"Realmente preferiría sentirme feliz en este momento"*. Me imagino la escena de Benjamín anotando su primer gol con sus dos pequeños puños levantados mientras explota de alegría. Una sonrisa se dibuja en mi rostro. La mantengo durante unos segundos, esperando mi siguiente acción presente y el proceso está completo.

13. Después de todo esto, debes esperar que algo bueno suceda pronto. ¡Y sucede! El teléfono suena y alguien de seguridad del aeropuerto te dice que encontraron tu chaqueta o recibes una llamada de un prospecto que habías perdido y quiere verte.

¡Todo ese proceso tarda cerca de un minuto como máximo!

Además, si algo negativo sucede, debes sintonizarlo con tu diálogo interno, controlar esa "vocecita" de tu cabeza y llevarla a una conversación ganadora. Esta técnica es básica para generar ventas en cualquier nivel del negocio. ¡Es fun-

damental tener una actitud
ganadora respecto de la vida!
Diviértete con la adversidad.

3. Celebra todas las victorias

Haciendo contacto

Responder al éxito cuando las
victorias se presentan o algo positivo sucede es un proceso
importante en dos pasos. Primero, debes ¡celebrar la victoria!
Una "demostración" física: apretón de manos, señal con el
puño o "¡así se hace!" son métodos con los que estamos fami-
liarizados. Como vendedor perro, te sugiero que por lo menos
te des una palmada en la cabeza o lances un buen aullido a la
luna.

Si alguna vez has visto deportes por televisión o los has
practicado, sabrás que celebrar es parte del juego. Cada vez
que un jugador anota un punto, gana unas yardas, hace algo
bien, consigue una carrera o atrapa una pelota, de manera
instintiva el resto de los jugadores le dicen unas palabras de
aliento, le dan una palmada en la espalda, un golpe en la
cabeza (no se recomienda) o alguna otra como reconocimiento por su contribución. Siempre que un jugador de la NBA
anota una canasta, sus compañeros lo animan. Por esa razón
están tan orientados a sus logros. De todas las técnicas, probablemente es la más poderosa, aunque la menos usada por
los adultos, porque se avergüenzan y piensan que es infantil
o poco profesional.

Hace varios años trabajé para un hotel internacional. Era
una buena compañía con varios cientos de personas en su
equipo. Trabajaba con los jefes de departamento, estimula-

ba en ellos el hábito de celebrar… no sólo sus victorias, también las de su personal. Esto no era fácil porque la cultura de muchas regiones asiáticas no incluye celebraciones. No obstante, con el paso de los meses los nuevos hábitos comenzaron a arraigarse.

Ese hotel, de modo lento pero seguro, comenzó a ver resultados cuando el personal completo se sobrepuso a sus reservados hábitos naturales. La organización se convirtió en una máquina de ventas para hacer dinero. Su energía estaba tan alta durante la última baja económica asiática, que cuando la mayoría de los demás hoteles en la región operaban a 40 o 50 por ciento de su capacidad ese hotel estaba a 90 por ciento o más. Se unieron y decidieron que todo el personal era responsable de las ventas. De hecho, ¡la cuenta más grande correspondió a miembros del departamento de limpieza! El giro exitoso fue resultado directo del reconocimiento constante y la celebración activa de las victorias, por no mencionar la moral elevada y la felicidad general en todo el hotel.

Ya ves, todos sabemos cómo hacerlo. Lo hicimos cuando éramos jóvenes y lo hacemos cuando jugamos. De niños, es notable nuestro instinto natural de persistir, preguntar y divertirnos haciendo cualquier cosa.

Pienso que todos nacemos como vendedores perros perfectos. Pero luego nos dicen: "preguntar es grosero", "deja de portarte como tonto", "deja de molestar a los demás" o "siéntate y quédate quieto". Todas las cosas que hacemos instintivamente (hablar con extraños y gritar con toda nuestra fuerza sólo porque nos dieron ganas) son condicionadas para dejar de hacerlas.

Hace poco tiempo una mujer me platicó que en su última junta de padres de familia de la escuela de su hija de cinco años le dijeron que iba bien en la escuela, pero "tenía un poco elevada la autoestima". ¿Te imaginas?

A medida que nos regañan, castigan, ridiculizan o ignoran nos empujan al sistema de "seriedad", en especial en lo que respecta a los negocios.

Los perros abandonarán sus huesos, comida y juguetes por una buena rascada detrás de las orejas. Se emocionan mucho con el reconocimiento. Los niños pequeños también son así. Nada ha cambiado porque somos adultos. Nuestros cerebros y almas siguen siendo iguales.

Esta técnica de celebración es ajena a la mayoría de las personas, pero es natural en quienes logran muchas cosas. También se relaciona con controlar la "vocecita" y encauzar el diálogo en la dirección adecuada. Y, recuerda, ¡no importa si lo que te estás diciendo a ti mismo es cierto o no! ¡A tu cuerpo y a tu mente no les importa! Parte de este diálogo tiene que ver con la forma de hacer que un acontecimiento se filtre en todas las áreas de tu ser y que lo hagas tuyo.

Manejar el éxito es lo opuesto a manejar obstáculos. Si algo bueno sucede, que un prospecto acepte una cita o recibas algún signo positivo del cliente, no sólo debes celebrarlo sino, para *realmente* crear impulso, debes usarlo... ¡para convertirte en una Leyenda en tu momento!

Debes decirte que gracias a ese éxito toda tu semana será maravillosa. Puedes ver cómo todo en tu vida tendrá éxito sólo por ese pequeño evento.

Finalmente, es importante interiorizarlo diciéndote que el éxito ocurrió por ti. ¡Te lo ganaste, trabajaste por ello, eres listo y sabes de este asunto! ¿Entiendes? Tu energía e impulso crecerán y todos los vendedores perros saben que cuanto mayor sea la energía, mayor el siguiente éxito.

Puedes no estar consciente, pero ya sabes cómo hacerlo, porque lo hiciste con tus hijos, mascotas y contigo mismo en otras áreas de la vida. Cuando tus hijos eran pequeños, ¿acaso no hacías un gran alboroto y celebrabas sus nuevos logros? Si tu hijo lograba ponerse de pie, aunque fuera por una milésima de segundo, ¿no te imaginabas una futura gloria olímpica? Si alguna vez has jugado golf, lo has experimentado. De la misma manera en que tu frustración llega a su punto máximo y estás listo par arrojar tus bolas al lago, haces un tiro excelente a 90 centímetros del hoyo principal o haces un tiro de 12 metros. ¿Qué haces? Levantas el puño sintiéndote *Superman* y la frustración se evapora.

¡Imagina si trataras toda tu vida de esa manera! Tu energía y resultados serían increíbles. El problema es que algunas personas, incluso al obtener una victoria, quieren bajarla al nivel de las rodillas. Esconden la barbilla y se dicen: "Tuve suerte esta vez". Hacen una llamada exitosa y dicen: "Ojalá todos fueran así". Ese diálogo clava una espina en tu corazón, espíritu, energía y resultados. De ahora en adelante, sé una Leyenda.

Hueso para gerentes: ¡Tu jauría de vendedores perros también necesita celebrar sus victorias! De hecho, cuanto más lista sea una raza y más agresivo el perro, más debes halagarlo para asegurar un buen desempeño. Si los ignoras o sólo los regañas por su mal comportamiento, los vendedores perros pueden volverse malos y desagradables e incluso volverse contra ti un día. Debes celebrar las victorias enseguida y con frecuencia para que se conviertan en excelentes cazadores y compañeros.

Por alguna razón, cuando crecemos, vamos a trabajar y seguimos una carrera, celebrar se vuelve infantil.

De hecho, nos enseñan a "no" vender, a "no" preguntar. Nos enseñan a trabajar duro, ser buenos, colorear dentro de las líneas y esperar que alguien reconozca nuestros esfuerzos y nos arroje algunas sobras. Nos dicen que "todas las cosas buenas llegarán para los que esperan". Nos enseñan a aceptar y no objetar, dar y no preguntar, aceptar nuestra cruz en la vida. Nos manipulan y obligan a encajar en un molde donde se espera que vivamos tranquilos hasta el día de nuestra muerte. Nos juzgan por nuestra habilidad para responder preguntas, no para hacerlas ¡y Dios nos libre de cometer un error!

Creo que todo mundo tiene talento natural para vender. Todos los niños venden. Algunos necesitan más habilidades que otros. Algunos otros, una nueva actitud al respecto. Otros ya están versados en la caza. La próxima vez que tu hijo te moleste con algo, en vez de decirle que te deje en paz, pídele tres buenas razones que respalden su petición. Cuando veas cómo esos ojitos alzan la mirada en busca de soluciones, sonríe convencido de que tu entrenamiento de ese momento lo está preparando para una vida de alegría, amor y riqueza. Y es su derecho por nacimiento y destino.

Así que celebra, celebra y celebra. Por cierto, un perro no necesita fiesta ni aumento para sentirse reconocido o celebrado. Un simple aplauso, palmadita, caricia o rascada en el cuello son suficientes.

RESUMEN

Las victorias son el bien más preciado que tienes. La mayoría de las personas tienen una mentalidad natural que las minimiza, ¡pero eso mata el entusiasmo y la energía! ¡Es crítico aprender cómo distinguir las victorias, atraparlas, aprovecharlas y guardarlas hasta el siguiente gran acontecimiento!

---

4. Proyecta el poder de tu intención personal

Controlar estas técnicas es fundamental para formar un equipo u organización de ventas poderoso. También es el secreto para reducir estrés en el trabajo, mediante un liderazgo inspirador y, lo más importante, por medio de la generación de riqueza personal. Aprender a proyectar tu intención y la de los demás puede ser la diferencia entre frustración y riqueza.

Déjame explicártelo en términos caninos: cuando un perro corre detrás de una ardilla, gato o pelota, ¡su plena intención es atraparla! No hay "intento" involucrado, sólo acción. Cuando un perro va hacia ti con la lengua de fuera y babea los zapatos... pretende que lo acaricies. No hay duda al respecto. Es su intención. Si tú como vendedor perro piensas que encantarás a todas las personas que conozcas, probablemente te irá mejor de lo que supones. Sin embargo, si piensas que serás una molestia para el prospecto o resultarás aburrido... ¡probablemente lo serás! Es cuestión de intención.

Proyectar tus intenciones y expectativas puede marcar la diferencia entre riqueza y frustración. En otras palabras, ¿qué respuesta esperas en tu siguiente presentación? ¿Que eres una maravilla? ¿Creerán que realmente estás ahí para ayudarlos a encontrar nuevas soluciones? ¿Igual que tú, te odiarán, pensarán que eres una molestia? ¿Qué crees que pensarán? ¿Cuál es tu intención?

La investigación nos muestra que la respuesta en la cual creas predeterminará la respuesta real. Si piensas que serás una monserga al hacer una llamada de ventas, probablemente estás en lo correcto. Pero si piensas ser un emisario de información bienvenido, acaso también estés en lo correcto. Tu mentalidad predetermina los resultados.

No hace mucho, mi hijo Benjamín (entonces de cuatro años) se encontraba en un dilema. Estábamos en Singapur, hospedados en un complejo de departamentos de la ciudad. Nos habíamos quedado ahí varias veces porque tenía excelente ubicación y una alberca grande donde siempre había muchos niños con quienes Ben podía jugar.

Ese lugar también tenía cuarto de juegos y mesa de billar. A Ben le encanta rodar las bolas sin usar el taco. La mesa de billar requiere dos monedas locales de un dólar. Ben lo sabe. Ese día había ganado dos dólares por poner y quitar la mesa y estaba emocionado por jugar más tarde.

Antes de ir al salón de billar fuimos a la alberca para asolearnos un poco y hacer algo de ejercicio. En un típico estilo de vendedor perro, Ben vio la máquina de refrescos y fue a comprar un Sprite y una Coca. Feliz regresó con Eileen y conmigo con sus refrescos.

Le explicamos que acababa de gastarse el dinero para jugar billar. Después de una difícil discusión que sólo un padre puede entender, se enfrentó al dilema de tener dos bebidas que en ese momento no eran tan deseables como la mesa de billar. Poco tiempo después escuché un sonido estruendoso. Era Ben tratando de regresar las bebidas a la máquina... ¡para recuperar su dinero!

Una vez que lo calmamos, hicimos que se diera cuenta de que su única opción era intercambiar las bebidas por dinero. Se le prendió el foco y sus ojitos azules analizaron el territorio con precisión de láser: joven pareja al lado de la piscina... ¡a la carga!

¡No tuvieron alternativa! ¡Hasta la fecha no sé si siquiera hablaban inglés! Corrió hacia ellos, puso las latas y comenzó su charla de ventas. Yo no escuchaba nada, estaba muy lejos, pero observé asombrado. Entendieron que les ofrecía las latas y quería dinero a cambio. Y a juzgar por sus gestos pienso que también les explicaba por qué necesitaba el dinero. Al principio negaron con la cabeza, pero la intención de Ben para vender esas bebidas era imparable.

Desde el principio, no tuvo miedo, duda o temor a quedar en ridículo, sólo la intención de vender los refrescos. Observé desde lejos y reí para mis adentros. ¡Vaya vendedor perro! Ben tenía la idea de que no lo rechazarían. Finalmente, observé con orgullosa sorpresa cuando le dieron las ansiadas monedas. Ben incluso se ofreció a abrir las latas para que las disfrutaran de inmediato (mostraba rasgos de un retriever).

Con las monedas en la mano, feliz, regresó con nosotros lleno de deleite por su logro, dejando tras sí a dos clientes sin sed.

¡Ésa es intención!

Ben no tenía duda de que vendería esas latas. Meses después, sigue siendo así. Insiste e insiste sin darse por vencido porque sabe que tarde o temprano encontrará una grieta en nuestra armadura y accederemos a sus peticiones. Todos los niños son vendedores perros.

HUESOS PARA GERENTES RESPECTO A EXPECTATIVAS E INTENCIONES DE OTRAS PERSONAS

¿Cuál es tu expectativa en relación con tu jauría? La comuniques o no, se dejará ver de una u otra manera. Tu intención o expectativa respecto del desempeño de otros también determinará en parte sus resultados. Si calificaras a cada uno de tus cachorros con un número del uno al diez en términos de su potencial para el éxito, ¿cuáles serían esas cifras? Si calificaste a alguien con tres o cuatro, en parte ya lo predeterminaste para ese nivel. Se notará en tu actitud y estilo de dirección, y en su desempeño.

Por desgracia, esto también nos sucedió en la escuela a muchos de nosotros. Los maestros nos colgaron números invisibles en la frente. ¿Qué números tienes colgados? ¿Te los creíste? ¿Qué número te has colgado tú mismo? ¿Te ayuda o lastima ahora? Es poco común el vendedor perro que supera las expectativas de su amo. Sé cuidadoso con tus intenciones y expectativas.

Tuve un vendedor que trabajaba para mí en el negocio de fletes aéreos a quien los demás vendedores y asociados siempre consideraron un dolor de cabeza. No obstante, él y yo teníamos una excelente relación y en poco tiempo duplicó nuestro volumen en una de nuestras ciudades más competitivas. Yo seguía diciéndole que podía tener éxito, incluso cuando se lamentaba o se quejaba. Después de un tiempo, el malhumor comenzó a disiparse, fue reemplazado por aullidos y ladridos de celebración, pues una pequeña victoria llevó a otra y a otra.

Es un ejemplo sencillo del efecto que un buen entrenador puede tener en un vendedor perro, de una persona que, por sus peculiaridades, molestaba a muchas personas. En todos sus trabajos anteriores tuvo resultados mediocres. Había pasado de un trabajo a otro y a otro. Era un perro callejero.

Cuando lo recibí, empecé su entrenamiento de nuevo. Lo identificamos como un chihuahueño ladrador que volvía loco a todo mundo. Lo entrenamos en habilidades de retriever y basset hound. Su increíble rapidez mental de chihuahueño, aunada a la suavidad de tono y compromiso con el servicio, lo hicieron uno de los vendedores más ricos del territorio. Celebramos las victorias, reconocí sus esfuerzos y le dije que SABÍA que era capaz de ganar toneladas de dinero. En otras palabras, creí en él aunque otros lo habían tratado a periodicazos. Los resultados hablaban por sí mismos.

RESUMEN DEL HUESO PARA GERENTES

De la misma manera en que la intención afecta tus ventas, la que tienes respecto de tus vendedores perros puede limitarlos o incitarlos a lograr un éxito extraordinario. Hay un número que mide tus expectativas respecto de los demás, de ti mismo y de tus acciones. Si es una expectativa en relación con otros, se marca justo en la frente de esa persona y desempeña un papel importante para determinar su desempeño. Es muy importante que como entrenador de perros no tengas prejuicios hacia las limitaciones que otros gerentes hayan

puesto a tus vendedores perros. Algunos pulgosos se convierten en los mejores cazadores, porque su nuevo maestro/
entrenador les abrió una nueva expectativa y percepción sobre sí mismos. Si los ves como campeones, cumplirán tus
expectativas y se convertirán en campeones.

11

Entrenamiento para cazar
Cinco habilidades básicas para el éxito de los vendedores perros

Durante años, una discusión clásica se hace presente en las conferencias de ventas, se debate en los pasillos de oficinas y ha inspirado una gran cantidad de libros: "¿Los mejores vendedores nacen o se hacen?"

Hay una escuela de pensamiento que postula: si no cuentas con seguridad en ti mismo para hacer llamadas telefónicas y manejar objeciones, no tendrás éxito a largo plazo. La otra sostiene: todo mundo vende algo y dependiendo de quién eres, puedes ser bueno para vender algunas cosas y otras no.

Este debate, tan antiguo como las ventas mismas, me lleva a la siguiente observación: todo niño llega a este mundo aprendiendo a pedir lo que quiere y necesita. Primero simples requerimientos de supervivencia y después amor, cariño, apapachos... ¡y más adelante el *Pokemon,* el *Playstation II* y tu auto un sábado por la noche!

Todo niño puede vender. Tú puedes hacerlo. Nacimos para vender. Yo creo que todo mundo tiene el talento natural para hacerlo.

No obstante, perdemos esa habilidad natural a través del condicionamiento y la seriedad de la vida. Aquellos que carecen de decisión propia para decir "no" nos han echado encima a la mayoría de nosotros toneladas de condicionamiento acerca de los demonios de las ventas. Tienen miedo de que los manipulen y se aprovechen de ellos ¡así que describen a cualquiera que *sí* vende como un charlatán moralmente corrupto y ladrón!

Así, para responder a la pregunta "¿nacimos para vender?", creo que todos nacemos siendo grandes vendedores, pero perdemos el talento al llegar a la edad adulta; muchos de nosotros simplemente debemos volver a entrenar lo que sabemos por instinto.

Puede ser cierto que no todo mundo tenga habilidad para vender de todo. No todo mundo puede vender inversiones o máquinas. Pero con base en tu tipo de raza estarás en condiciones de vender algo.

Como ahora ya sabes cuál es tu raza y aprendiste a reconocer las otras, conoces las reglas para mantenerte fuera de problemas y con dinero, estás listo para el siguiente paso en tu evolución.

Para convertirte en el Ganador del Primer Premio que mereces en tu carrera de ventas, primero debes perfeccionar las habilidades primordiales del vendedor perro.

El cachorro que no puede hacer lo básico como sentarse, quedarse quieto, rodar, responder a los llamados, perseguir algo o hacerse el muerto, no impresiona a nadie. Lo mismo sucede con los vendedores perros.

Hay cinco habilidades fundamentales que todo vendedor perro debe perfeccionar para ser un gran cazador:

1. Perfecciona el arte de los contactos.

2. Haz presentaciones poderosas.

3. Aprovecha el deseo de servir a otros.

4. Controla el mercadeo personal contra la fórmula de ventas.

5. Maneja objeciones o rechazos.

Los vendedores perros son fuertes, comprometidos y, sobre todo, mantienen las cosas simples como en el mundo perruno. Recuerda que la edad intelectual máxima del perro más inteligente equivale a la de un niño de cinco años. ¡No necesitan mucho para llegar al *show* de David Letterman! Los trucos del vendedor perro son igual de simples, pero pueden producir resultados estupendos.

¡En otras palabras, esto no es lo más difícil del universo!

1. Domina el arte de las referencias

La razón número uno de que las personas se sientan intimidadas por las ventas es la temida "llamada en frío"; por lo tanto, ¿por qué no simplemente evitarlas?

Dan Kennedy, una de las mentes de mercadotecnia más importantes de la última década y autor de seis libros sobre el tema, lo explica de una forma muy clara: "¿Por qué querrías hablar con alguien que no te conoce todavía?"

Los perros son brillantes para entender pistas no evidentes. Les toma sólo alrededor de diez segundos darse cuenta si alguien es amigo suyo. En cuanto reconoce un mínimo aroma de compañerismo, comienza el movimiento de la cola, la baba fluye... ¡e instantáneamente acaricia con el hocico a su nuevo amigo en busca de un poco de cariño!

Los perros no esperan una invitación formal para relacionarse, hacen nuevos amigos todo el tiempo. Sin embargo, los buenos vendedores perros trabajan mejor con una presentación de por medio.

Mientras el poodle puede chismear en las fiestas y crear redes por instinto puro y el pit bull actuar como kamikaze en el mercado descargando algo semejante al napalm sobre cualquier cosa que respire, el resto de la jauría por lo general es un poco más sutil cuando se trata del delicado arte de las referencias. Hay cuatro tipos de referencias y el mejor es el primero. La calidad de la referencia disminuye conforme avanza la lista:

1. Un amigo consigue que el prospecto te llame: encanto del poodle.

2. Un amigo le dice al prospecto que tú le llamarás: fácil para el retriever.

3. Un amigo te dice a quién debes llamar y te permite mencionar que él te recomienda: los basset hounds y los chihuahueños se sienten cómodos así.

4. Un amigo te da un nombre, ¡cualquiera!: suficientemente bueno para el pit bull.

La clave es que la presentación debe incluir una promoción personal, algo positivo acerca de ti, no sólo el producto o servicio que ofreces. No tiene que ser una disertación ni una biografía épica, ¡sólo una frase positiva sobre ti! "John es un buen chico." "Deberías escuchar lo que Sally tiene que decir, realmente sabe lo que hace." "Confío en Paul, es honesto."

Esta frase es fundamental porque te da honradez y respeto desde un inicio. Esas cualidades son el ingrediente secreto de las referencias exitosas. Como la esencia de vainilla en los bizcochos, sin ellas no sería exactamente lo mismo.

La conclusión es que las personas hacen negocios con personas que les agradan y en quienes confían. El producto o servicio queda por lo regular en segundo plano. Si ya tienes lo necesario para ser clasificado en la categoría de "agradar" y "confiar", entonces tu oportunidad de éxito se acaba de disparar al cielo. Ya no eres el perro vago o la molestia pulgosa. Te acabas de convertir en un vendedor perro con pedigrí y alguien de quien vale la pena tomar una llamada, ¡y mucho más escucharlo!

Tengo un amigo en el negocio de bienes raíces. Encuentra propiedades con bajo desempeño y las revende para obtener ganancia. Esto requiere un gran capital de inversión para comprar propiedades. Hasta hoy, no creo que haya impreso alguna vez un folleto, hecho alguna llamada, ni siquiera publicado un anuncio en periódico o revista.

Tiene algo mucho más poderoso: su lista de inversionistas, todos recomendados a través de los años. Les vende sus proyectos sin tener que acercarse a alguien en frío. Él y su esposa son extremadamente ricos y viven en una hermosa casa con sus hijos. Su éxito y su negocio están construidos enteramente mediante contactos.

En lo personal genero cientos de miles de dólares únicamente con mis honorarios como orador y asesor, y 90 por ciento viene de referencias. He gastado decenas de miles de dólares en publicidad y promoción. El rendimiento de esa inversión es pobre comparado con el que obtengo al asegurarme de que mis clientes están felices con sus resultados de entrenamiento.

La recomendación más importante es la calidad de tu reputación. Habla por sí misma.

Invertir tiempo en tus clientes generará, por lo regular, diez veces las ganancias de otras actividades. Ponte en contacto con ellos de forma constante para asegurarte de que están felices y tienen un buen desempeño y las referencias aumentarán hasta tener tantos negocios que no podrás con todo.

Nunca ha existido un vendedor de mercadeo en red que no comprenda la importancia de los contactos. La gente te encontrará si haces que otras personas ganen dinero al entrenarlas, prepararlas y motivarlas.

Uno de mis amigos cercanos vende un programa educativo completo mediante el mercadeo en red. Su reputación de proveer el mejor entrenamiento en toda su región hace que las personas acudan en masa a él y su gente. Saben que recibirán herramientas que los ayudarán a enriquecerse financiera, emocional y espiritualmente. ¡Su negocio ha crecido a una tasa de miles de suscriptores al mes!

Los contactos lo son todo

LOS CONTACTOS Y LA ETIQUETA DE LOS TESTIMONIOS

Quienes llevan un pit bull en la sangre habrán de asegurarse de no molestar al prospecto potencial si van a cazar. Él todavía no te conoce y no te tomará mucho consumir los beneficios de la referencia y degradarte al estado de molestia carroñera junto con los otros perros de la cuadra.

En lugar de hacer eso, caza a la persona que te prometió la referencia, porque ya tiene relación con el prospecto, te conoce y, uno espera, ¡le caes bien! Y ya se ha comprometido a darte la referencia y sentirá que debe mantener ese compromiso.

Continúa recordándole lo mucho que lo apreciarás por haberte dado esa referencia. Puedes hacerlo con frases como: "¿Ya le hablaste a tal persona?" "¿Quieres que te consiga su número?" "No quise comunicarme hasta saber que le habías hablado tú primero".

Pedir y buscar referencias debe ser parte de tu mentalidad de vendedor perro y nunca tendrás que vender en frío a un extraño, pero recuerda que existe una delgada línea entre pedir ayuda y convertirte en una peste. Necesitas manejar con cuidado tu flujo de referencias y no envenenar las aguas. Si piensan que eres una molestia, ¿por qué te recomendarían con sus amigos?

No obstante, lo mejor del entrenamiento del vendedor perro es en cuanto reconoces las razas de la gente que puedes diseñar a la medida tu comunicación y hablar su lenguaje específico.

Un ejemplo: digamos que tu cliente John es un poodle y te gustaría utilizarlo como referencia para un nuevo prospecto de nombre Steve. Recuérdale a John lo agradecido que estará Steve por sus consejos y cómo podría ser un magnífico contacto para su negocio en el futuro.

Por otro lado, si John fuese un chihuahueño, ese acercamiento no lo motivaría en lo absoluto. En cambio, tendrías que recurrir a su sed de conocimiento. Dile que Steve realmente necesita comprender desde el punto de vista de un usuario las características y aplicaciones de tu producto o servicio y que no conoces a otra persona que lo entienda mejor que él. Estás recurriendo a John para ayudar a Steve a encontrar un producto maravilloso que ayudará a su negocio. John tiene la oportunidad de quedar como experto.

Una vez que reconoces la raza de las personas puedes oprimir el botón adecuado y todo se convierte en una situación de ganar/ganar/ganar. Tú ganas porque obtienes el contacto, el contacto porque le ayudarás al proveerle un producto o servicio valioso y el cliente porque se siente bien al haber hecho el contacto.

También debería haber una recompensa tangible para tu cliente por hacer una recomendación exitosa. Podría ser una simple nota de agradecimiento, un ramo de flores, un libro o una invitación a comer. El mejor premio que puedes dar es regresar el favor y mandar una buena recomendación para su negocio.

Cuando estás empezando, algunas veces es difícil conseguir recomendaciones. Es el momento de ponerte en contacto con tus fuentes más cercanas para comenzar. Haz que tus clientes buenos, amigos o asociados escriban brillantes cartas de apoyo y satisfacción.

Si están demasiado ocupados, escribe las cartas y dáselas a leer y firmar. Guárdalas todas en un archivo. Saca copias y cuando quieras hablarle a alguien nuevo, mándale un puñado de cartas apropiadas como presentación. Si es posible, escoge cartas con las cuales la persona se relacionará, de alguna industria o negocio similar. Aunque técnicamente no te recomienda alguien que él conoce, sí lo hacen personas que tú conoces, lo cual agrega credibilidad a tus palabras. Y estás demostrando que has ayudado a personas como él en el pasado.

Pero ten cuidado, los testimonios pueden utilizarse en tu contra. Hace algunos años mi esposa y yo queríamos comprar un nuevo auto y fuimos al concesionario BMW de nuestra localidad. El vendedor sacó rápido una gruesa libreta de cartas de recomendación, tanto de él como de su firma. Simplemente la dejó caer sobre su escritorio y dijo: "Aquí está lo que mis clientes piensan acerca de mí". Eileen y yo nos miramos y sonreímos, sabiendo que lo más probable era que en esa libreta no habría una carta de nuestra parte. Así es como no se deben utilizar los testimonios.

También resulta extremadamente importante tratar las referencias con un sentido más profundo de servicio y compromiso. Esto resulta natural al retriever, pero puede ser un reto para el pit bull. Si recibes una recomendación de un cliente o amigo es fundamental que el prospecto tenga una buena experiencia. No es el momento para forzar la venta o presionar, ya que rápidamente se irá contra la persona que te haya dado la referencia y será la última que recibirás de tu contacto.

No obstante, si puedes llegar a una solución excelente para las necesidades del prospecto, hay muchas probabilidades de que termines con otra fuente clave de referencias y así la promoción recibe aún más impulso. "Me recomendaron a esta persona y fue lo mejor que me ha sucedido. Te recomiendo que hagas lo mismo."

¿Qué tanto tendrás que vender este prospecto? Dale la pluma y obsérvalo llenar el cheque. El hecho es que a las personas no les gusta perder el tiempo mirando tiendas, comparando precios y estar sujetos a docenas de discursos de ventas. Prefieren obtener una buena recomendación de un amigo, que ofrece una buena solución digna de confianza. Para cuando te hablen, ya se han derrumbado las paredes de duda y falta de confianza, son capaces de escuchar claramente el valor de tu oferta.

Por cierto, para utilizar testimonios y referencias no debes venir de la realeza o ser de pura sangre. Cada vendedor perro tiene su oportunidad. En el pasado has hecho muy felices a otros. Es importante dedicar tiempo a documentar tus victorias. Recuerda algunas de las más importantes y solicita cartas testimoniales a esos clientes. Puedes utilizar los comentarios que te hicieron alguna vez y ponerlos en papel. De hecho, muchos clientes prefieren que tú escribas la carta, siempre y cuando les des oportunidad de leerla para aprobar lo que has escrito.

Si eres un cachorro, utiliza los testimonios dirigidos a tu compañía, agente de ventas o industria. Aunque no son tan poderosos como los personales, también pueden ser muy efectivos. Lo más probable es que el prospecto ni siquiera los lea.

En su libro éxito de ventas *Influence*, Robert Cialdini aborda los seis principios básicos de la psicología que rigen la toma de decisiones en los seres humanos. Tales principios son reciprocidad, consistencia, prueba social, gusto, respeto hacia la autoridad y originalidad.

Si construyes un banco sólido de testimonios y referencias automáticamente apelas a tres de esos poderosos principios: demuestras que otros aceptan que eres bueno (prueba social), que agradas a las personas (gusto) y que sabes lo que haces (autoridad). El volumen del material añade credibilidad y te vuelve familiar incluso antes de que te conozca el prospecto.

¿No sabes a quién acudir para conseguir una referencia? Pregunta a tus mejores clientes a quién debes llamar. Si eres nuevo en un territorio, contacta a clientes con muchos años en el negocio y pregúntales si saben de alguien que necesite tus servicios en tu nueva área. Algunos de tus clientes y amigos pueden tener excelentes contactos, y por lo regular estarán más que dispuestos a conectarte en su sistema. Saben que también tuvieron que empezar desde cero.

Recuerda que es un negocio de energía, mientras más redes hagas, más en marcha pondrás las cosas.

Hueso: Nunca brinques sobre extraños. Al contrario del consejo dado en los cursos básicos de entrenamiento de ventas, nunca pidas una referencia a clientes nuevos hasta que estén adaptados al producto o servicio y sepas que están satisfechos. Pedir una referencia al instante puede darles remordimiento de comprador. Pensarán que sólo estás interesado en las ventas y no en la relación.

Hueso grande: Nunca, nunca jamás descuides a los clientes existentes. Ellos son la mejor fuente de ventas, testimonios y referencias que tienes.

---

2. Domina la habilidad de realizar presentaciones poderosas

Es un hecho conocido que hablar en público se encuentra en un nivel más alto que la muerte en la lista de los diez peores miedos. No obstante, si quieres ser un Campeón *debes* dominar esa habilidad. Como todo en la vida, ¡los beneficios de hacer lo que otras personas no pueden o no quieren son enormes!

He vivido y me he beneficiado mucho gracias a este mismo hecho. Resulta mucho más benéfico hablarle a cien personas que a una, en especial si presentas un producto, servicio u oportunidad de negocios. Actualmente, en el negocio de la educación en que trabajo 90 por ciento de mis ventas viene directamente de pesquisas y prospectos generados de seminarios y pláticas.

Cuando vendía computadoras para Burroughs daba más seminarios que cualquiera en la región y tenía las mayores ventas. Hice muy pocas llamadas en frío. En cambio, promoví un "seminario 'gratis' de una hora con refrigerios" mediante anuncios en periódico, cartas, faxes y organicé el espectáculo. Todos los asistentes sabrían de antemano quién era yo antes de hacerles una llamada.

Lo más importante es que, como yo era el orador, me conocieron como un "experto" y mis consejos llevaban más peso.

Esta combinación de información del producto, educación y refrigerios "gratis" dio a los asistentes una increíble sensación de valor y me dio credibilidad y autoridad en todo lo que hice desde ese entonces.

Es vital que sepas cómo hacerlo bien, de otra forma te conviertes en cualquier otro perro sin importancia que aúlla fuera de tono en la noche. Las mejores razas atraen a sus presas y las seducen con encanto, precisión y control.

Algunos vendedores perros retroceden en este punto y afirman: "Yo no soy bueno para hablar a grupos". Mi respuesta es: "¡Aprende a hacerlo ahora!" Hablar bien es tu herramienta de ventas más poderosa. Si la ignoras, sufrirán tus ingresos. Además, si eres un verdadero vendedor perro, una vez que aprendas a hacer presentaciones como un ven dedor perro... ¡las amarás! Es una promesa.

La habilidad de comunicar las cosas de manera confidencial a las personas, aumenta tu propia confianza y te presenta como una autoridad creíble, un líder. Te conviertes en la persona con quien todo el mundo quiere platicar porque eres experto, eres quien tiene las respuestas. El líder emana autoridad sin importar si es o no un buen líder y ésa es una percepción extremadamente valiosa en tu haber al acercarte a un prospecto.

Por desgracia, la mayoría de los oradores son chihuahueños ruidosos que hablan sobre *bits* y *bytes* a mil kilómetros por hora; basset hound monótonos, poco coherentes que hablan con el mismo sonsonete eternamente, o ejemplares poodle que tratan de verse bonitos, inteligentes e ingeniosos. La mayoría de los prospectos detectan aburrimiento inminente a metros de distancia y buscarán "zafarse" en cosa de minutos. Para ser un orador efectivo, debes tener diversas habilidades, tomando prestado lo mejor de cada raza; también desarrollar habilidades de oratoria importantes para mantener la atención de tu audiencia.

Algunos dicen que está bien si 15 por ciento de la audiencia se interesa en lo que dices. ¡Patrañas! Tu meta es captar la atención de 100 por ciento de la audiencia cada vez. Quieres que todos se interesen en hablar más al respecto, comprar lo que vendes, buscar más información de ti o simplemente emocionarse con la experiencia de escucharte.

Y así es como lo haces:

¿Qué tan bien puedes presentar?

GÁNATE EL DERECHO

¿Quién eres y por qué eres diferente? Es fundamental que aprendas a ganar credibilidad de forma rápida, fácil e irrefutable si quieres hacer presentaciones dinámicas. Algunas veces un análisis profundo de tu pasado puede descubrir joyas que inspirarán confianza y respeto en las mentes de los asistentes. Mediante esas experiencias indicas al grupo que sabes de qué hablas sin alardear.

PIDE RESPUESTAS EN LUGAR DE DECIRLAS

Un amigo mío lo dijo bien: "Vender no es decir". La mayoría de los ponentes pierden mucho tiempo contando a todo mundo acerca de su increíble información y no se detienen a contextualizarla para explicar exactamente sus beneficios. Vender es el arte de hacer las preguntas adecuadas para generar interés, crear el proceso de descubrimiento, construir una comunicación y demostrar realmente tu interés en el prospecto. Existe un arte particular para hacer esto con un grupo. Aunque no lo creas, cuanto más grande es el grupo, más fácil es.

DA RECONOCIMIENTO A OTROS

La clave para una presentación poderosa es obtener participación activa y pasiva de los asistentes. Una vez que lo has logrado, te encuentras en un diálogo en marcha que te lleva a descubrir más, a construir una relación de comunicación e interés. Debes saber cómo y cuándo dar reconocimiento a tu audiencia y cuándo invitarlos a compartir sus experiencias para aumentar la probabilidad de vender. Sin esta interacción la presentación es sosa, aburrida, unilateral. Si se hace mal, suena como chisme condescendiente, lo cual tiene grandes probabilidades de fallar. Si se lleva a cabo con habilidad y precisión, puede poner miles de dólares en tu bolsillo.

IDENTIFICA Y CONFRONTA PROBLEMAS SILENCIOSOS

Se necesita un vendedor perro vigoroso y atrevido para identificar y confrontar problemas silenciosos, pero los beneficios son monumentales. ¿Alguna vez te has dado cuenta de que los perros bien entrenados no tienen ningún problema para hacerte saber que tienen hambre o quieren salir? Lo dicen como es y lo hacen con cautela.

Los buenos ponentes deberían ser capaces de detectar el humor y la energía de una habitación. Si detectan escepticismo, confusión, duda o cualquier vibra negativa, en lugar de pasarlo por alto deben atender el problema de forma inmediata y directa.

"Me llega la sensación de que hay dudas acerca de lo que digo. ¿A quién le gustaría decir cómo se sienten con la información que acabo de exponer?" La energía de la habitación salta y comienza a disminuir la sensación de poca conexión con el grupo. Esto es extremadamente valioso porque estás atendiendo las objeciones antes de que se acumulen en tu contra. Muchos ponentes cometen el error de evitar esa confrontación y terminan por perder a su audiencia.

ESCUCHA

Escuchar es una habilidad básica en las ventas. No obstante, muy pocas personas lo hacen bien. La habilidad para escuchar que tienen los perros es por lo menos 25 veces mayor que la de cualquier persona promedio. Pueden detectar el sonido de una rama que se rompe, el murmullo producido por un conejo en los matorrales a 50 metros o la utilización de un abrelatas a puerta cerrada. Tus oídos de vendedor perro deben ser igual de sensibles.

En una presentación es importante concentrarse y escuchar lo que tienen que decir los participantes hasta el final. La tendencia *natural* es tratar de medir el intento y la naturaleza de la pregunta lo más rápido posible y estar preparado con una buena respuesta. Aunque esto es eficiente y admirable, *es la justa razón por la cual la mayoría de las personas son tan malas oyentes.* Cuando tu mente comienza a imaginarse una respuesta, dejas de escuchar. Al igual que el de un perro, tu cerebro no está condicionado de manera natural para hacer muchas cosas al mismo tiempo. Si escuchas y dejas de pensar en tu ingeniosa respuesta, pasarán dos cosas:

Primero, construirás una conexión increíble con la persona que habla, porque percibirá tu concentración, tanto en nivel consciente como subconsciente.

Segundo, escucharás información importante acerca de los pensamientos y preocupaciones emocionales de la persona respecto de temas tratados. La parte más importante de cualquier conversación se revela al final de los comentarios de una persona. Por lo tanto, si te "fuiste" al "terreno intelectual", ¡te perderás las verdaderas señales de ventas! En estos elementos fundamentales de retroalimentación se encuentran escondidas las pistas, señales e introspecciones. Y son las joyas que te permitirán hacer preguntas específicas y atender las necesidades del cliente. Escuchar bien también desarrolla una relación de mayor confianza y respeto, la cual motivará una decisión positiva de compra.

HAZ MUCHAS PREGUNTAS Y PÍDELAS

Sea que hables ante un grupo o en una entrevista frente a frente, debes seguir haciendo preguntas y motivar a que tu audiencia haga lo mismo. Es justo en ese proceso donde se desarrolla el interés de los prospectos, se construye la relación entre orador y participantes y comienza un diálogo de trabajo. Una vez que el diálogo comienza en una presentación, se vuelve muy fácil solicitar una cita o una junta porque así prolongas tu conversación: un capítulo nuevo, no un libro nuevo.

CONVIERTE LAS CARACTERÍSTICAS EN: ¿QUÉ GANO YO (EN ESPECÍFICO)? BENEFICIOS

Todo entrenamiento básico de ventas te indica que los clientes deciden comprar con base en el beneficio que perciben de tu producto o servicio. Nunca comprarán ofertas, a menos de que sean relevantes para sus necesidades.

No utilices tu tiempo frente a la audiencia sólo para enlistar características y artefactos tecnológicos. Es un error garrafal asumir que cualquiera llenará el vacío mental entre una característica y el beneficio que le proporcionará. Es tu trabajo. ¡Tú les tienes que decir! Esto debe hacerse con cada afirmación, característica y producto del que hables: "Esta póliza de seguros tiene un valor en efectivo en aumento constante. Es importante para usted porque puede pedir un préstamo libre de impuestos en el futuro y reducir así el dinero que paga en impuestos cada año sin disminuir su ingreso actual".

Hemos desarrollado un programa único de presentación de vendedores perros, tanto en seminarios en vivo como en paquete de entrenamiento de ventas, que se concentra en proveer técnicas y estrategias específicas basadas en las fuerzas principales de cada raza. Será la mejor inversión que podrás hacer para aumentar tu habilidad de hacer una presentación que atraerá, inspirará y motivará a los prospectos a "sorprenderse" con tu presencia y a comprarte sólo a ti. He visto a personas "transformarse" literalmente frente a mis ojos mientras prueban esas nuevas técnicas de presentación.

Y recuerda, ¡no tienes que llenar a reventar el Madison Square Garden desde la primera vez! Comienza en un nivel modesto y perfecciona tu habilidad.

Aprovecha el deseo de servir a otros

Aun las razas más fieras de perros tienen un deseo innato de servir a sus amos. No es casualidad que sean los animales escogidos para ayudar a los ciegos y para realizar trabajo policiaco. Están entrenados para rastrear viajeros en situaciones de peligro, encontrar artículos perdidos, entregar mensajes importantes e incluso consolar a enfermos y débiles. Los perros sirven a sus amos en parte debido al entrenamiento, pero más por un deseo innato de servir y complacer.

Mientras la fortaleza de pit bull, terrier y otras razas trabajadoras es forjar territorio nuevo y explorar fronteras nuevas y potencialmente hostiles, la fortaleza del golden retriever es, y de forma muy poderosa, el deseo natural por complacer a su amo. El alto nivel de servicio de un vendedor perro golden retriever se dirige a sus clientes y prospectos. Los retriever hacen todo lo necesario para servir a su clientela con tanto fervor que a sus prospectos se les dificulta mucho decir: "No". Mientras un pit bull intentará arrebatar una venta, el retriever trabaja desde un ángulo completamente diferente. De cierta forma, sus clientes se sienten *obligados* a darle la venta.

Como la mayoría de los perros, el retriever sabe que la lealtad trae beneficios. Los perros son conocidos por servir a sus amos de formas extraordinarias. Todos hemos escuchado historias de cómo estos amigos caninos han defendido ancianos, rescatado niños y algunas veces incluso sacrificado su vida para salvar la de sus amos.

El deseo de complacer, servir y proteger es innato en todo gran compañero canino. Los mejores vendedores perros no serán exitosos a menos que aprendan a sacar esa lengua, desarrollar un sonido de queja bajo y ser lo suficientemente pacientes para pararse jadeando en espera de la próxima oportunidad de servir a sus prospectos.

Un amigo mío muy exitoso, agente inmobiliario en Denver, lo explica de esta forma:

> Me enfoco en el servicio a clientes por varias razones. Primero, necesito sacarle provecho a lo que hago. No soy el tipo de agente inmobiliario "de llamada fría, implacable". Trabajo tanto con los compradores que adquieren una casa por primera vez, que es fácil ser un retriever con ellos. Me he dado cuenta de que la mayoría de compradores y algunos vendedores no saben mucho acerca del proceso de compra-venta. A muchos agentes no les interesa más allá de lo que les sirva parar obtener una venta. Yo no opero de esa forma. Quiero que los compradores y vendedores tengan una buena experiencia con los bienes raíces. Me he dado cuenta de que si me enfoco en el servicio a clientes tengo más formas de mantenerme en contacto con clientes pasados y así logro que me recomienden.
>
> Por ejemplo, mando una copia de los documentos apropiados de cierre (para que no tengan que buscarlos), necesarios para que su contador calcule impuestos. Hago una carpeta para los compradores y otra para los vendedores, e incluyo en ésta fotos e historia de mi oficina, información sobre préstamos, sección sobre mí, cómo contactarme, etcétera, técnicas de mercadotecnia, mi servicio a clientes por escrito, copia de contratos, hoja de redes, proceso de compra o venta de casas y cosas por el estilo. A quienes

más les gustan esas carpetas son a los compradores, pues siempre las llevan cada vez que nos reunimos. Supongo que la conclusión es que me gusta mantenerme en contacto con clientes anteriores y utilizarlos como fuente de negocio. La mayoría de los clientes me dicen que soy más como un amigo.

Es importante mencionar que este consejo viene de un retriever muy exitoso.

Vender es tomarse el tiempo y el cuidado para descubrir lo que una persona realmente necesita y, después, encontrar soluciones para esa necesidad. He visto a muchos vendedores consumados con excelentes números iniciales, técnica y manejo del producto admirables, pero su industria falla porque ya no les *importó* y no tuvieron capacidad de servir. Se desmoralizaron conforme bajaban sus números. Por desgracia, como no se atendió el problema, se cambiaron a otras compañías, productos o territorios, sólo para producir los mismos resultados de montaña rusa. Es uno de los grandes riesgos de ser pit bull pura sangre. Esos perros de ataque tienen muchos problemas para darse cuenta de que una venta es el principio, no el final de una relación con el cliente.

Recuerdo a un tipo muy ambicioso y con gran talento llamado Fred que podía encantar a cualquiera. Durante su primer año rompió todas las marcas como vendedor de seguros para una firma grande y muy conocida. Era magnífico.

De alguna forma, después de ese primer año, sus ventas se estancaron y después comenzaron a descender constantemente. Trató de arreglar el problema, le dedicó una cantidad impresionante de esfuerzo y tiempo y aun así no alcanzaba su desempeño de principiante. No tenía negocios repetidos, mientras otros vendían pólizas cada vez más grandes a clien-

tes ya existentes. Frustrado con sus resultados asumió que era el negocio de seguros lo que ocasionaba sus problemas y decidió buscar una industria alternativa para redescubrir su éxito inicial.

Un buen amigo despertó su interés en una oportunidad de mercadeo en red muy atractiva. Una vez más sus números despegaron como antes, pero después de algunos meses llegó al mismo periodo de estancamiento. Sin embargo, esta vez su director pasó algún tiempo observándolo y asesorándolo.

Su director le preguntó: "¿Cuánto tiempo pasas con las personas a quienes vendes?" La respuesta de Fred era típica: "Paso el tiempo suficiente para que comprendan el programa y después busco más ventas". El problema de Fred era que se enfocaba sólo en las ventas. Su preocupación principal era saber cuánto vender y qué tan rápido hacerlo.

Comprometía muy poco de su tiempo para apoyar a las personas a quienes presentaba el programa. El mismo problema tuvo en la aseguradora. De hecho, apenas podía recordar por qué cualquiera de sus clientes le había comprado en alguno de sus negocios.

Por fortuna para Fred, su director era un entrenador de perros muy hábil. Le asignó una tarea: regresaría a hablar con cada cliente al que le había vendido un seguro y con cada persona que había enrolado para preguntarles por qué habían comprado y qué valor veían en los productos. Fred estaba enojado. "¡Eso me tomará una eternidad! ¡Si lo hago nunca haré ninguna venta!" No obstante, obedeció.

Después de algunas semanas volvió a reunirse con su director, pero esta vez con la cola entre las patas. Era un Fred completamente nuevo.

Se enteró de la angustia y esperanza de una familia joven que lucha por lograr que le salgan las cuentas y proteger su futuro. Se enteró de cómo una simple oportunidad de mercadeo llevó a uno de sus clientes en harapos a enormes riquezas. En el proceso, descubrió un cúmulo de información, comprensión y testimonios llenos de alabanzas. Las historias siempre estuvieron ahí, pero nunca se había tomado la molestia de escucharlas.

Las ventas de Fred se dispararon tras la experiencia y desde entonces creó su propia compañía de mercadeo en red y gana millones. Dice a todos sus vendedores, con quienes tiene sesiones de entrenamiento constantes, que simplemente busquen una forma de servir al cliente. Aun cuando su producto no pueda hacerlo, deben ayudarlo a cumplir sus metas. Su expresión favorita es: "Confíen en mí... ¡el camino del servicio se convierte en el camino rápido!"

¿Quién dice que los vendedores perros no pueden aprender nuevos trucos?

Es fundamental que todos los vendedores perros se pregunten a quién desean servir y por qué. Debes estar dispuesto a brincar obstáculos, troncos, ríos y arroyos para llevar de regreso a tus clientes lo que quieran, deseen o necesiten.

Ha habido ocasiones en que he perdido ventas por satisfacer las verdaderas necesidades del cliente. Perdí ventas pero nunca a esos clientes y compensé las pérdidas momentáneas con ventas mayores tiempo después. Todo esto porque estaba dispuesto a satisfacer primero sus necesidades. ¡Ésa tiene que ser la pasión! El retriever lo sabe a nivel molecular.

En una ocasión tuve como posible cliente a una compañía que quería contratar un entrenamiento de administración de proyectos para algunos de sus gerentes. Tuvimos varias largas sesiones e intercambiamos diversas propuestas copiosas para satisfacer sus necesidades. En algún punto, me di cuenta de que yo no tenía el programa adecuado para ellos.

Les hice saber que me hubiera gustado mucho aceptar y encontrar una forma de ofrecerles entrenamiento, pero no había las condiciones adecuadas. Pasé las siguientes semanas entrevistando a otros posibles candidatos para ellos. Asistí a juntas, hice llamadas telefónicas y ofrecí media docena de opciones. Finalmente, seleccionaron una de mis recomendaciones.

Nunca olvidaron el servicio que les ofrecí. Un año después me avisaron que otra división quería algo de entrenamiento para la construcción de equipos y me preguntaron si estaba interesado. Claro que acepté y esa llamada telefónica se convirtió en un contrato de dieciocho mil dólares anuales que desde hace cinco años conservo.

La definición de vender, no es solamente hacer que alguien compre. Vender es mejorar la vida de alguien de alguna forma. ¡Eso es servicio!

Hueso del gerente de ventas: Para inspirar a tus vendedores perros continuamente debes recordar a tus cachorros acerca del servicio que proporcionan a otros. Si bien, nunca debes sobredimensionar este aspecto. Debes tocar sus corazones para que hagan lo mismo con sus prospectos. Así se toman las decisiones significativas.

---

4. Administra la mercadotecnia personal sobre la fórmula de ventas

Probablemente la habilidad más valiosa por aprender es cómo venderte efectivamente... ¡para que no tengas que vender en absoluto!

Para aquellos pit bull a los que sólo les gusta rasgar de arriba abajo su territorio en busca de algo tibio verán contrariado con esto su instinto básico. Tu forma de ventas incluye levantar el teléfono o cruzar algunas puertas, así que tal vez estés tentado a saltarte esta sección.

Pero para el resto de ustedes, vendedores perros, e incluso para el pit bull curioso, ¡la mercadotecnia personal cambiará sus vidas! si quieren trabajar menos y vender más. Si aprendes algunos de los trucos del poodle, puedes descubrir lo simple que es obtener resultados estupendos.

Anteriormente mencioné que la clave para el proceso de recomendaciones, si se hace correctamente, es nunca hablar con alguien que todavía no te conoce. Eso se llama mercadotecnia avanzada y a continuación se muestra lo que puede significar en tus ventas. Hay una fórmula muy simple:

$$V/M = \text{Esfuerzo de ventas}$$
$$(V = \text{Ventas, } M = \text{Mercadotecnia})$$

Son matemáticas simples: mientras más mercadotecnia practiques, menor esfuerzo de ventas tendrás que hacer. Si actualmente pasas la misma cantidad de tiempo en ventas y mercadotecnia de tu producto o servicio, y decides invertir el doble de tiempo en mercadotecnia personal, producto o servicio, ¡entonces terminarás consumiendo la mitad del esfuerzo! Cuanto más esfuerzo de calidad gastes en mercadotecnia, menos tendrás que vender físicamente. Los prospectos abren los brazos y te buscan en lugar de que tú debas olfatearlos y encontrarlos.

El esfuerzo de ventas es físico, consume tiempo, está cargado de objeciones y requiere magníficas habilidades personales y administración del tiempo. La mercadotecnia consiste en infundir tu mensaje a la mayor cantidad posible de prospectos que tengas como objetivo, sin hacerlo físicamente tú mismo. Desarrolla estrategias de mercadeo, pruébalas y llévalas a cabo: las ventas llegarán a ti en lugar de que tú persigas las ventas.

No importa cuántas llamadas telefónicas hagas: nunca obtendrás la misma cantidad de personas como con un encabezado bien colocado en un periódico comercial dirigido a tu mercado objetivo, ni podrás competir con un sitio de internet que recibe miles de visitas al día.

Otra fórmula para quienes tienen problemas con las matemáticas:

V (Ventas) x M (Mercadotecnia) = $Resultados

(¡Duplica la "M" y pasa la mitad del tiempo en "V"!)

Es fundamental que aprendas a equilibrar tu semana entre ventas activas frente a prospectos o clientes en vivo y desarrollo de un flujo de referencias mediante esfuerzos de mercadotecnia. Si eres un vendedor perro sabio, deberías asignar tiempo de calidad a tus estrategias de mercadotecnia. Básicamente se trata de que las oportunidades de ventas lleguen a ti y, quizá más importante, aumentar las probabilidades de que los prospectos se conviertan en ventas.

Por desgracia, hay jaurías de vendedores perros salvajes y sin domesticar que prefieren dar vueltas persiguiendo cualquier cosa que se mueva. Pierden la mayor parte de su tiempo buscando proyectos elusivos, logrando algunos y desgastándose en el proceso. El resultado es un ingreso escaso y emociones de rechazo y frustración.

Puedes tener una vida de ventas mucho más fácil y feliz, pero para eso ¡debes aprender cómo vender efectivamente!

Piénsalo. Los rottweiler o doberman no necesitan presentaciones, se basan en su reputación. Cuando 60 kilos de músculo y dientes hacen su aparición, todo mundo tiene una expectativa, opinión o pequeña reacción. Esta imagen les ayuda en sus papeles de perros guardianes, ¡pero deja temblando al prospecto promedio!

¿Cuántas veces te has cruzado al otro lado de la calle para evitar uno de esos perros potencialmente letales? Tus prospectos no son diferentes, si eres excesivamente agresivo, nunca acudirán a ti. ¡De hecho te evitarán!

¿Cómo te perciben tus prospectos? No sólo necesitas vender tu producto o servicio, sino también venderte a ti mismo. Quieres que las personas tengan una buena imagen de ti, que piensen: "Aquí hay alguien que puede ayudarme a resolver mi problema".

Por esta la razón es esencial que un vendedor perro pase mucho de su tiempo haciendo mercadotecnia personal.

La buena mercadotecnia, como anuncios o vínculos en sitios de internet, un encabezado bien colocado en un periódico, un libro exitoso que haga referencia a tus servicios, venderán más de lo que tú podrías hacer tocando puertas. Al utilizar los medios de comunicación vistos por cientos o miles de personas, en esencia te encuentras tocando a la puerta de todas las personas que los ven. Además, puedes utilizar oradores, negocios, or-

Tenemos lo que necesitas

¿Qué tan bueno es tu mercadeo?

ganizaciones y cualquier entidad expuesta a quienes podrían ser tus clientes potenciales para transmitir tu mensaje de forma efectiva.

Comienza por crear una lista de vías posibles para pasar la voz acerca de ti y de tu producto. Invierte tiempo en desarrollar esas vías y las ventas llegarán de forma automática.

En segundo lugar, asegúrate de que cualquier cosa que exhibas públicamente, ofrezca una razón de peso para que alguien te hable o demuestre interés. No necesita ser un espectacular de tu servicio. Puede ser la sola oferta de una recompensa si te contactan, oferta especial por servicio, garantía fantástica o algún otro ofrecimiento irresistible pero verdadero o simplemente único.

Un ejemplo simple podría ser anunciar una consulta gratuita, un descuento por tiempo limitado o un "informe especial gratis" de equipos competitivos, si hablan, mandan un fax, se inscriben o preguntan.

Ahora, conserva en mente que eso está completamente separado de lo que la mercadotecnia global de tu compañía ya hace por ti. Es un esfuerzo de mercadotecnia más personalizado y directo que no sólo los atraerá a tu producto o servicio, sino también hacia ti.

La mercadotecnia simplemente consiste en emocionar y educar a tus prospectos respecto de ti mismo y tu servicio, antes de hacer una llamada de ventas. Como se despierta su curiosidad, tienes la ventaja en el juego. Aquí hay algunas vías que te ayudarán a comenzar, entre muchas otras más.

- ✔ Crea relaciones corporativas con otros individuos o compañías que ya están en contacto con tus prospectos.
- ✔ Envía cartas de ventas.

- Diseña encabezados convincentes y propuestas únicas de ventas para colocar en periódicos, revistas, medios impresos y sitios de internet.
- Anúnciate.
- Trabaja como voluntario en la industria.
- Envía faxes estimulantes a grupos y prospectos.
- Participa en exposiciones comerciales.
- Realiza seminarios educativos gratuitos.
- Sé uno de los patrocinadores de actividades en la comunidad.
- Genera testimonios y referencias.

El problema es que la mayoría de los vendedores no quieren perder tiempo, dinero o esfuerzo en mercadotecnia. Prefieren ser tacaños y confiar en su propio aguante físico o esperar a que la compañía haga la mercadotecnia por ellos. Quienes no pueden o no quieren vender un producto o servicio nunca se moverán al cuadrante del flujo del dinero D (negocios). Se necesita la voluntad de probar, cometer errores y corregirse.

Piensa como un *perro*. Olfatea lugares que otras narices humanas no perciben. Si tu nariz es débil, trabaja con quienes tengan presas o mejores narices. Eso es mercadotecnia.

Cuando todavía estaba en el negocio de computadoras, me adueñé de un territorio con bastantes clientes que habían utilizado durante años máquinas automáticas de transferencia. Sabiendo que tomaría siglos llamar a todos, entré en contacto con el ingeniero de campo de mi territorio, Masa, que estaba encargado de todas las reparaciones y mantenimiento preventivo de esas máquinas. ¡Masa era un tipo genial que había estado en el negocio durante más de 25 años!

Tomábamos café todos los lunes por la mañana y hablábamos acerca de los usuarios. A partir de esas conversaciones hicimos un plan. Cada vez que viera a algún usuario, de manera despreocupada le mencionaría el equipo más nuevo disponible. Enumeraría los beneficios que ofrecían los nuevos modelos, incluyendo periodos de descanso y costos más bajos de mantenimiento. Cuando yo llegara, esos usuarios estarían preparados, educados y con ganas de aprender más. Masa los había puesto en marcha y estaban listos para despegar.

En menos de un año, reemplacé casi todas esas anticuadas unidades con minicomputadoras último modelo. Mi área se convirtió en el territorio número uno en todo Estados Unidos durante dos años, simplemente porque pasé más tiempo en mercadotecnia que en ventas. Masa también ganó bastante, porque fue recompensado con comisiones adicionales por nuevos contratos de servicio. Forjamos una sociedad de mercadeo que nos permitió ganar a los dos.

5. Domina el manejo de objeciones o rechazos

Definitivamente, el obstáculo más grande y principal factor de desánimo para convertirse en vendedor es el rechazo. ¡A nadie le gusta! Todos queremos ser amados y aceptados, así que el rechazo nos disgusta a la mayoría.

A los perros también les gusta ser amados y aceptados pero no toman de manera personal que no tengas tiempo para arrojarles el *frisbee* y estar con ellos. Como vendedor perro debes reaccionar de la misma forma. Los siguientes capítulos hablan más a fondo acerca de cómo manejar los rechazos, pero a continuación expongo algunos puntos clave:

1. El problema no es la objeción de un prospecto, sino tu respuesta emocional a la objeción. Cuando logras mantenerte sin emociones ante la crítica más fuerte, tu mente brillante será capaz de manejar esas situaciones con facilidad. El problema es que el rechazo estimula nuestros miedos más fuertes como seres humanos y ocasiona alteraciones emocionales y mentales. Las reglas clásicas de la comunicación dicen que tu inteligencia disminuye si tu estado emocional es negativo. ¿Alguna vez has dicho algo enojado y después deseaste nunca haberlo dicho? ¿Alguna vez te has quedado sin palabras cuando alguien se enojó contigo, sólo para dar una respuesta cortante horas después, cuando ya no estás enojado? A eso me refiero.

2. La habilidad de estar calmado y tranquilo cuando hay fuego es extremadamente fácil de aprender y pocas veces se enseña. Comienza por borrar todas tus respuestas emocionales mediante la repetición.

3. En el caso de clientes o prospectos molestos, aprende a identificar la emoción detrás de sus palabras. Después su objeción comienza a amainar.

4. También debes saber que detrás de cada objeción se encuentra un beneficio. Por ejemplo, la objeción puede ser: "¡La cocina en esta casa es demasiado pequeña!", pero el beneficio es: "Hicimos la cocina más pequeña para darle más espacio a la sala y el área de esparcimiento. Ello permitirá que cuando reciba gente, las personas no estén en la cocina sino en otras partes de la casa".

Otra técnica que ha hecho maravillas por mí y otros vendedores perros es el enfoque de la "varita mágica". Cuando entrevistes por primera vez a un prospecto o recibas muchas objeciones, haz la siguiente pregunta: "Si pudiese sacar una varita mágica y utilizarla en este caso, ¿qué le gustaría o creería que funcionaría mejor?". Esta pregunta básica crea nuevas posibilidades y oportunidades.

Hueso: No lo tomes como algo personal. Cuando un prospecto dice "no", significa que en ese momento no está interesado en tu producto o hay algo que no entiende. *No* es un pensamiento sobre ti.

12

¿Cómo controlar las emociones de los vendedores perros?

Parte de la dificultad que implica tratar con personas apasionadas de gran desempeño es que, a menudo, se rigen por sus emociones.

Los vendedores perros se encuentran bajo gran cantidad de presión para llevar a cabo las cosas: expectativas de la administración, presión de compañeros, deseo genuino de ganar y presión financiera se combinarán para crear un ambiente cargado de emociones que debe manejarse con habilidad y previsión.

¿Alguna vez has visto a un perro normalmente bueno deambulando enojado por la casa, gruñéndole a todo lo que se mueve? Los vendedores perros son exactamente iguales. Como un excelente vendedor perro debes saber cómo motivarte a ti mismo, ¡en especial cuando lo único que deseas es detener el mundo y bajarte!

Debes saber que habrá días buenos y malos, días en que sólo quieras aullarle a la luna o arrancarle a alguien la oreja a mordidas, y otros en los que sólo querrás jugar y perseguir. Como con los perros, es importante no fomentar el comportamiento negativo. Sin embargo, es fundamental entender cómo lidiar con el rango de emociones por las que pasarán tú o tus vendedores perros.

La maestría emocional es una de las habilidades más valiosas y esenciales que cualquier gran vendedor perro debe aprender. ¡Nunca he visto un gran vendedor perro, un gran artista, un gran equipo o individuo exitoso que se haya hecho grande sin presión! Sólo bajo presión se aprovechan los recursos internos y pueden florecer y expandirse la confianza y capacidad del individuo. La presión es el rayo láser de la excelencia que te elevará a un nuevo nivel de posibilidad al construir los puentes neurológicos del "debería", "puedo", "debo" al "lo hice."

Nunca temas la presión, la grandeza rara vez se forjó sin ella. Bajo presión evoluciona la naturaleza. Es como se forman nuevas estructuras y crecemos como individuos, equipos y civilizaciones. No siempre es algo que debamos temer o evadir. Tampoco tiene que ser siempre dolorosa, si entiendes cómo trabajar con ella.

No importa lo benéfico que sea el resultado final, la presión puede causar incomodidad y estrés si no sabes manejarla. Si eres mentor, director, gerente o vendedor perro debes encontrar formas de liberar esa presión antes de que se vuelva dañina para ti o tu equipo.

Si no se deshacen de ella, los vendedores perros pueden volverse paranoicos (piensan que la compañía está ahí para aprovecharse de ellos), negativos (groseros y bruscos con colegas y clientes) o deprimidos (enfurruñados, sin iniciativa, sombríos).

Como vendedor perro, primero enfrenta las emociones antes de llevar a cabo otra actividad, en particular de ventas. Si no las resuelves, esas preocupaciones dificultarán tus esfuerzos y pueden agravarse y crear mayor depresión, enojo y desesperación. En una profesión en la que ser positivo y optimista es básico para el éxito, ese humor desanimado puede resultar catastrófico para tus ventas. Y si no lo atiendes, se puede extender a toda la jauría.

No puedes "forzar" a alguien o a ti mismo a ser feliz y positivo. Sin embargo, una de las grandes ventajas de ser humanos es que podemos controlar nuestras propias emociones y encontramos maneras únicas y creativas de cambiar positivamente la forma como nos sentimos.

Cuando tus emociones sean bajas, cambia tu estado rápidamente. Si estás sufriendo una baja emocional (¡ya sabes... "nadie me quiere", "la compañía apesta", "no estoy hecho para esto", bla, bla, bla!), escoge una estrategia que te ponga en acción para obtener pequeñas victorias. Llama a un buen cliente o usuario de tu producto o servicio. Habla con personas que ya te quieran y deseen tu servicio. Visítalas, sal con ellas, obtén un testimonio o dos mientras estés ahí. Descubrirás que tu humor y energía cambian rápidamente.

¡Haz ejercicio, sal a correr o ve al gimnasio! Vete a sentar a la playa y vuelve a ponerte en contacto con la naturaleza. ¿Qué tal grabar una cinta con toda tu música favorita? Piezas alegres y bailables que te motiven y te mantengan animado, sintiéndote bien. Escucha la cinta cuando visites a tus clientes y canta en voz alta en el auto, diviértete, usa tu voz. Te asombrará lo lleno de energía y poder que te sentirás después. Sé creativo.

Cuando estás feliz y parece que todo va bien, te sientes en el lugar adecuado. Y encuentras dinero en tus bolsillos, las personas te abren la puerta y a todos les encanta saber de ti o aprender sobre tu producto. Es el momento de hacer más llamadas. Aprovecha al máximo esta fase Midas y llama a todos los que puedas. Te sorprenderás de tu efectividad y de la cantidad de ventas que acumularás en esas ocasiones.

Resiste la tentación de frenarte y descansar tras ganar una o dos veces, pues de otro modo perderás el impulso y puede ser difícil recuperarlo. Si tienes que volver a empezar continuamente tus esfuerzos de ventas desde el principio, gastarás mucha más energía que si perseveras sin detenerte. Sigue moviéndote y explota esas buenas rachas lo más que puedas.

Hueso para gerentes: Como gerente vendedor perro se necesita mucha diplomacia y habilidad para ayudar a tus cachorros a tener una mentalidad saludable e ingeniosa. Los dueños que regañan a sus perros y siguen haciéndolo después del incidente terminarán teniendo animales desagradables. Con tus vendedores perros debes moverte con rapidez. ¡Confronta el asunto y luego olvídalo! No dejes que tu rabia o frustración persista o sólo empeorarás las cosas, ya que te arriesgas a hacerlos sentir mal y perderás su lealtad.

A la primera señal de mal carácter, haz a un lado a tus vendedores perros y anímalos a decirte en qué piensan. Dependiendo de su respuesta, identifica la verdadera emoción involucrada. A menudo necesitas escarbar por debajo de su reacción inicial. Recuerda lo que ya dijimos respecto de escuchar de principio a fin. Probablemente descubras que los asuntos reales surgirán justo al final de la discusión. Si te has "desconectado" porque crees saber cuál es el problema y ya piensas en una solución creativa, quizá no escuches los conflictos reales expresados.

"Hoy no eres tú, Sarah, pareces *deprimida*." "Parece que ves las cosas de una manera un poco más *negativa* de lo normal." Al hacer eso habrás reconocido la emoción de tus vendedores y aumentarás su mentalidad emocional. (Es exactamente lo que hace un consejero cuando vas a terapia.) El simple acto de reconocer demuestra que te importa y estás consciente del cambio en su comportamiento.

Conforme compartan sus preocupaciones, resiste la tentación de ofrecer el primer consejo, justificación u orientación que te venga a la mente. Tan sólo escucha, reconoce sus problemas y afirma que puedes entender cómo se sienten en esas circunstancias. Tras abrirse, hazles preguntas específicas para ayudarlos a llegar a una solución positiva.

"¿Qué te *ha estado funcionando* últimamente, Sarah?", "¿Qué ha salido mal?" Pregúntales acerca de las nuevas tendencias que desarrollan en sus territorios, su línea de negocios o industria. Pero ten cuidado de no hacer una sesión de veinte preguntas que los haga sentir inferiores o atacados. El objetivo del ejercicio es hacer que tus vendedores perros piensen en detalles.

Cuando las cosas salen mal tendemos a usar las palabras descriptivas universales que mencionamos antes, como "*Nunca* sale bien nada", "Esto *siempre* es un desastre". Si puedes hacer preguntas específicas, cambia la percepción, permitiéndoles ver que de hecho no es *siempre*, sino *a veces*. Entonces, si aislas suficientes *a veces*, puedes cambiar el comportamiento y evitar la frustración. Esto también actúa como una especie de sesión de lluvia de ideas y, a menudo, las soluciones empiezan a presentarse por sí mismas sólo mediante la discusión y retroalimentación. Y la energía cambia a un nivel más positivo, de repente las cosas no se ven tan desoladas y se pueden formular planes de acción para conseguir el éxito.

Con este enfoque pasamos de "esto es *siempre* un desastre" a "bueno, en realidad sólo sucede cuando no envío la propuesta en 24 horas". Entonces la solución es obvia y tienes un sistema y una estrategia que se pueden evaluar y medir en el futuro.

Después de escuchar con atención, trabaja con ellos para desarrollar un plan exitoso. Es importante fragmentar la "futura victoria" en pasos pequeños alcanzables con el fin de que vuelvan a tener una mentalidad correcta, se adueñen de ese proceso y se den cuenta de que son *ellos*, no *tú,* quien hace la diferencia.

Al igual que los perros, los vendedores perros tienen problemas para concentrarse en muchas cosas a la vez. Si arrojas varas a los perros, te las llevan de regreso. Esa acción los saca repentinamente de su depresión porque es divertido. Para distraerlos más, lanza una segunda vara mientras regresan la primera. Eso distraerá su mente por completo del problema original. Las probabilidades indican que tirarán la primera vara para ir por la segunda.

Por eso es importante para ti como vendedor perro buscar un plan de acción divertido, fácil y que te distraiga del dilema actual. Una vez que tu mentalidad positiva regresa, estás listo para lidiar con el mundo otra vez.

Las siguientes son unas cuantas ideas de acción para mantener a ese vendedor perro en movimiento:

- ✔ Encuentra tres artículos de periódico que verifiquen la importancia de los prospectos que toman el control financiero de sus vidas.

✔ Consigue testimonios de clientes anteriores. ¡Descubre y emociónate con la diferencia positiva que hiciste en sus vidas!

✔ Habla con dos usuarios y pregúntales por qué siguen usando tu producto o servicio.

Si es un asunto insignificante, olvídalo. Pero si adviertes que hay una tendencia de comportamiento negativo, lo peor que puedes hacer es ignorar la emoción, barrerla bajo el tapete o fingir que no existe y esperar que se vaya. La emoción es algo bueno, ¡nos recuerda que todavía estamos vivos! Es lo que genera pasión y entusiasmo. Como Entrenador de Perros, manejar la energía es clave en ventas exitosas. Cuando los niveles de energía son altos, igual sucede con las ventas. Este proceso también se puede utilizar de manera efectiva para cambiar el humor de un cliente o prospecto, y el vendedor perro capaz de elevar de manera gradual y elegante el nivel de energía de un prospecto será un ganador.

Es primordial entender que *tú escoges* la emoción que deseas tener en cada momento. La emoción que escoges lo cambia todo. No sólo es pensamiento. La emoción es más fuerte.

Recuerda alguna ocasión en que te hayas encontrado entre dos personas que quizá tenían una discusión. No sabías de qué se trataba, pero sin duda podías sentir la emoción en el cuarto: "Podías cortar el ambiente con un cuchillo". Es lo que otras personas perciben de ti, así que debes estar muy consciente de todo lo que no se dice.

¿Cómo te quieres sentir? ¿Enojado, frustrado, emocionado, decidido u optimista? ¿Te gusta sentir el enojo de alguien? ¿Qué hay de la depresión, acaso alguien necesita decir que está deprimido para que lo sepas, o puedes sentir esa vibración que emana otra persona antes de que pronuncie una palabra?

La emoción se genera por medio de tu enfoque. Cuando cambias tu enfoque cambias tus emociones. Cuando necesites cambiar tu enfoque y hacer que tus emociones empiecen a trabajar para ti en vez de funcionar en tu contra, intenta lo siguiente (esto toma tan sólo uno o dos minutos):

1. ¿Qué es lo que realmente no te gusta de esta situación? Habla de eso. Sé específico, decir "esto apesta", ¡no funcionará!

2. Después enfócate en lo que quieres. Habla de lo que *quuieres* hasta que puedas verlo, sentirlo, escucharlo y tal vez hasta sonreír al respecto. Eso es. Mantén ese sentimiento lo más que puedas. Repite el proceso tan seguido como sea posible. Recuerda, no tienes que idear un plan de acción para obtener lo que deseas, sólo deja de enfocarte en lo que no quieres y concéntrate en lo que sí quieres.

¡Es fácil llevar a cabo sólo el paso uno! Probablemente lo haces a diario. Por eso la mayoría de las personas termina con más de lo que no quiere. El segundo paso es más importante.

Recientemente hice una presentación ante un cliente importante. El contrato en cuestión era por más de 300 mil dólares. Estaba nervioso y preocupado porque sentía que el cliente no iba a interesarse en lo que yo consideraba lo principal. Me quejé y lamenté con mi esposa, socios y conmigo mismo. Estaba enojado y alterado porque la presentación no saldría bien. Era claro lo que yo "no" quería. Normalmente, dejamos nuestras frustraciones ahí y terminamos luchando con nuestros resultados, los cuales, muy seguido, son una profecía que acarrea su propio cumplimiento.

En este caso yo escogí cambiar mi emoción y enfocarme en lo que SÍ deseaba. Quería tener una discusión abierta con el cliente y no una presentación formal, sólo una conversación animada acerca de sus necesidades y mis recomendaciones honestas para crear una relación nueva y madura con el cliente. Conforme preví esta conversación y empecé a sentir y ver esta nueva relación, me reí para mis adentros. ¡Sería maravilloso!

Al otro día hice la presentación, cambié la relación con el cliente y obtuve opiniones muy favorables acerca de lo que discutimos. Desde entonces me comprometí con él en un contrato que vale el doble.

Si hubiera elegido ser escéptico, frustrado, reservado o defensivo, esa nueva relación nunca se hubiera formado. Me enfoqué en lo que sí quería y recuperé el resultado positivo que quería… ¡y lo conseguí!

Parte de la emoción en ventas exitosas es saber que habrá altas. Recuerda asegurar esas altas y hacerlas más frecuentes. Cuando vengan las bajas, y vendrán, tan sólo vuelve a enfocarte en lo que quieres, emplea las disciplinas, cualquier acción que te saque de las bajas lo más rápido posible. Esto te mantendrá en marcha.

Hueso: Como vendedores perros la mayoría estamos motivados por el dinero, de otro modo seríamos asistentes administrativos en un departamento del gobierno local y obtendríamos un aumento de... ¡1 por ciento anual! Estamos inspirados por el potencial ilimitado de nuestras ganancias. ¿Pero se trata realmente del dinero o de lo que deseamos comprar con él? Cuando se trate de fijar metas de ventas, enfócate en el valor numérico como si fuera una etiqueta. Si se trata del poder real y el entusiasmo, enfócate en lo que quieres hacer con el $$$ hasta que sonrías. ¡Te garantizo que tu energía aumentará!

Sin embargo, es importante recordar que nunca hay altas y bajas permanentes. Así es como trabaja la naturaleza. Los perros saben que aunque esté lloviendo y ellos tiritando afuera en lo húmedo y frío, tarde o temprano la lluvia parará, encontrarán un refugio y el sol aparecerá. La dicha de vender es saber que experimentarás una variedad de emociones y pasiones casi cada día de tu carrera, si así lo decides. Una persona que trabaja duro para enmascarar y esconder emociones, evitar cautelosamente bajas y altas, no será un vendedor perro óptimo hasta que aprenda a expresar y experimentar su gama completa de sentimientos.

Un vendedor perro maduro toma la emoción y la convierte en pasión. Transforma frustración en determinación. Convierte enojo y miedo en poder, alegría en optimismo puro e impulso incontenible.

¿Cómo se logra? Recuerda que es un condicionamiento. Celebra las victorias sin importar que tan pequeñas sean. Repítete a ti mismo que eres una Leyenda aunque lo obtenido no sea gran cosa. Cuando la energía emocional esté baja, comprométete con un esfuerzo de actividad que no tenga importancia pero sí alta energía, como repartir nuevos folletos a prospectos. Atrévete. Crea una nueva carta de mercadotecnia y pruébala entre veinte personas.

Debes girar el impulso en cualquier forma y distraerte de las emociones negativas. Sin embargo, es importante no confundir "distraer" con "ignorar". Debes identificar y reconocer la emoción antes de seguir adelante, de lo contrario volverá a aparecer en tu camino, sólo que con más impulso.

No escondas tus emociones. Entiéndelas, nómbralas, siéntate con ellas un rato, reconócelas, libéralas y sigue adelante. No te revuelques en ellas. Si estás cómodo con tus emociones, sabrás que tienes cierto patrón de respuestas naturales, hasta en las bajas. El enojo en última instancia puede producir recursos y determinación. La decepción debe generar resolución. Conoce tu patrón... si es bueno... sé paciente. Si es negativo, descubre dónde debes cambiarlo.

La fortaleza de un gran vendedor perro puede ser también su mayor responsabilidad.

Entrar en acción es una capacidad de la que todos podemos beneficiarnos, pero se puede llevar al extremo. Las ventas también requieren paciencia. Muchas veces un perro toma otro camino por la impaciencia de obtener una recompensa más rápida. Esto por lo general resulta en un perro muy ocupado que va detrás de tantos conejos que acaba persiguiendo su propia cola. Un buen entrenador disciplina al perro para que se quede en el camino y cace a su presa hasta el final.

De manera que un buen entrenador debe animar a sus vendedores perros a ser pacientes en tiempos de calma. Sólo mantén al prospecto con combustible; sigue atrayendo posibles clientes, haciendo llamadas y tarde o temprano aparecerá una venta. No es momento de abandonar una sólida estrategia de mercadotecnia. Cuando se establezcan tiempos emocionalmente bajos, paciencia y perseverancia deben trabajar juntas. Como todo, se dará el ciclo otra vez. Por eso es importante estar seguro de que en tu mente, todos los contratiempos son Temporales, Específicos y Externos. ¡Si pones en práctica esa mentalidad, te recuperarás de la adversidad en una fracción de segundo y regresarás a cazar durante el resto de la jornada!

13

¿Qué los hace regresar?
Secretos no revelados sobre el manejo de objeciones y rechazos

Hueso Gran Kahuna: De todo lo que puedes aprender, el tiempo que pasas en manejar rechazos y objeciones es el más valioso. Honestamente puedo decirte que si te entrenas con diligencia en esta materia tu vida cambiará. No sólo aumentarán tus ventas, pues encontrarás que la calidad de tus relaciones se elevará hasta las nubes. ¡La mayoría de las personas no tienen idea de cuánto afectan miedos subconscientes y preocupaciones sus conversaciones, acciones y relaciones con los demás, en casa y en el trabajo!

¿Qué pasa con un perro que decidido a jugar con la pelota no deja de molestarte hasta que la arrojas? No importa cuánto tiempo ha pasado desde la última vez que jugaste con él, siempre espera que lo hagas ahora. Los perros se sentarán pacientemente mientras tú lees el periódico o hablas por teléfono, estudiando con cuidado cada uno de tus movimientos... ¡para saltar a la más leve señal de debilidad o distracción!

Les puedes decir "ahora no" o "vete", pero ellos simplemente se sientan ahí, a esperar. No importa durante cuánto tiempo rechaces sus esfuerzos. Aun si la baba de la pelota se ha secado, nunca se dan por vencidos. Algunos hasta bloquearán tu camino mientras tratas de alejarte para hacer algo más. ¿Por qué pasa esto? ¿Qué los hace regresar a pesar de enfrentar rechazos y contratiempos? ¡No perciben que los rechazas y no entienden que lo que quieres es que se larguen!

Objeciones y rechazos son los mayores obstáculos para la mayoría de los vendedores perros. Todas las estrategias del mundo no valen la pena si eres un vendedor perro que busca refugio a la primera o segunda vez que te despiden.

Piénsalo. ¿Tienes que sentarte con los perros y asesorarlos respecto a su autoestima? ¿Darles estrategias complicadas de negocios para que la gente les lance la pelota? Yo creo que no.

Es importante aprender y practicar las herramientas de administración que discutí anteriormente. Celebrar las victorias y reinterpretar la adversidad es muy importante, pero el secreto real, la magia y el maravilloso elíxir se halla en la forma en que todos los grandes vendedores perros manejan la objeción y el rechazo:

¡Están acostumbrados!

Me encantaría decirte que hay una manera más fácil, un arreglo rápido que te hará inmune sin invertir tiempo, compromiso y dolor, pero no lo hay.

Es la única manera. Para no temer al rechazo es necesario experimentarlo. Debes pasar por objeción y rechazo para entenderlos y tantas veces que simplemente dejen de afectarte.

Al perro típico se le ha regañado y reprendido tantas veces que es insensible a eso. No siente el rechazo o no es gran cosa, ya pasó por eso, está acostumbrado, se lo sabe de memoria, ¡ahora arroja la maldita pelota!

El problema es: hasta que tú y tu vendedor perro se hayan acostumbrado, sus delicados egos de poodle se las verán difícil lidiando con eso de manera exitosa. La mayoría de las personas nunca lo enfrentan porque les da pánico y lo evitan a toda costa. El problema con la estrategia es que si evades el rechazo eludes las ventas y ¡pierdes miles de dólares al mes en ventas!

Por cierto, los perros "más listos" (ya sabes, los de padres de una misma raza, esquizofrénicos, estirados, de alta sociedad) a veces se las ven negras cuando deben vender en la calle. Tienen tan poca experiencia en fracasar en todos los aspectos de la vida, que la mayoría no soporta pensar que los pueden hacer pedazos. Los vendedores perros del basurero, los de raza híbrida y los del otro lado del camino a veces pueden ser los mejores vendedores, porque están acostumbrados a lidiar con la adversidad. Entienden que el fracaso es parte de la vida.

De toda la jauría, este rasgo es el verdadero factor de fama del pit bull. Parece que prosperan y esperan objeciones tan sólo para gruñir una respuesta aguda e inteligente. Lo cual, por cierto, no necesariamente es la mejor manera de manejar la objeción.

Es una herramienta que, ya dominada, cambiará tu vida para siempre en términos de valor para correr riesgos y desarrollar maravillosas relaciones a largo plazo. Tu capacidad de soportar la confrontación y el desacuerdo hará añicos las paredes del miedo y te permitirá llegar a lugares con los que otros sólo sueñan.

Por favor, entiende que esta cualidad no sólo te hará rico en el campo de las ventas, sino te dará el valor para vivir a tu manera. ¿Cuántas veces has dicho "sí" cuando querías decir "no"? ¿Cuántos hemos cambiado o modificado nuestra personalidad para que encajara en la percepción que la gente tiene de nosotros? ¿Cuántos nos mentimos a nosotros mismos porque es "más fácil" que mentirle a los demás?

Nos educan con la idea de que debemos ser todo para todos, aceptados y amados, siempre ayudando a todos. ¿Y qué hay de nosotros? ¿Qué pasó con eso de ser honestos con nosotros mismos, ayudarnos a nosotros mismos a ser felices, aceptar y amar lo que somos como individuos?

Hasta que puedas aprender a ponerte de pie y ser considerado por quién eres y por lo que eres, *nunca* vivirás la vida de tus sueños, sino la de los sueños de otras personas. No puedo explicarte la integridad personal, la seguridad en ti mismo y la paz que tendrás cuando sepas que sin importar lo que alguien diga o haga tú estás bien justo como eres.

Así que, ¿cómo aprendes esta herramienta que cambiará tu vida? Es fácil. Para acostumbrarte rápido, sumérgete en ella practicándola. Practica y repite las objeciones y rechazos más comunes una y otra vez. Hay alrededor de 30 objeciones y rechazos comunes que hemos escuchado, son universales y pueden paralizar e intimidar a la mayoría de los vendedores. Con práctica y repetición, puedes atenuar su impacto, disipar la carga emocional que cada uno lleva consigo. Se convierten en lo que son en realidad, "¡No hay problema!" (un *kit* de entrenamiento en ventas para acelerar este proceso se puede ordenar en salesdog.com).

Cuando empecé a presentarme frente a grupos, me bendijo y maldijo un grupo de amigos que trataban desarrollar esas habilidades al mismo tiempo que yo. Solíamos encerrarnos en un cuarto durante horas y turnarnos para ponernos de pie, manejar preguntas y objeciones ficticias.

Escuchábamos cosas como: "¿Qué te da el derecho a hablarnos de ese tema?" "¡Nunca has manejado una compañía tan grande como la nuestra y probablemente no tienes ni idea!" O: "Eres como el resto de asesores estúpidos que no pueden manejar una compañía así y, en vez de eso, decidiste dar clases o vender".

El sentido de la decencia no me permitiría describir algunas de las otras artillerías verbales utilizadas durante esas sesiones, pero cuando las personas se conocen bien entre ellas pueden decir cosas tan desagradables que dejarían temblando a un pit bull.

Todavía recuerdo como si fuera ayer una sesión en especial. Éramos como diez amontonados en un cuarto, todos cansados y de mal humor después de un largo día de trabajo en nuestros respectivos negocios. Era un grupo heterogéneo: uno era el dueño de una gran agencia de publicidad, otro era propietario de una empresa manufacturera y otros más eran gerentes generales de grandes compañías públicas.

Esa tarde en particular, mi amigo John, dueño y gerente de ventas de una de las mejores firmas manufactureras y de venta de ropa, estaba preparándose para la gran presentación que daría al día siguiente. Se paró frente al grupo y empezó. Francamente era muy árido, carecía de inspiración y no había ensayado muy bien.

Tras apenas un minuto o dos se soltó a los perros y uno de los gerentes generales empezó a lanzar objeciones. "Y, ¿ a todo esto cuál es el punto?" Alguien añadió: "Es aburrido", mientras que otro se metió sin rodeos y dijo: "No tienes ni idea de lo que estás hablando".

John se puso nervioso, aunque había que darle algo de crédito porque siguió adelante. Empezó a hablar más fuerte y en tono arrogante, más alterado, pero tampoco resultó interesante. (Era un grupo cruel. Éramos veinte veces más duros de lo que jamás sería cualquier prospecto.)

Finalmente, John se hartó. Juntó sus notas abruptamente y se dirigió con violencia hacia la puerta. "No me importa lo que piensen ustedes", dijo. "¡Es mi presentación y la voy a hacer a mi manera!"

Todos lo abucheamos mientras caminaba. Sin embargo, antes de salir, Karl, un socio de alto nivel de una firma internacional de contabilidad, quien medía 30 centímetros más que John y pesaba más de 110 kilos, caminó hacia la puerta. "Tendrás que pasar encima de mí si crees que puedes irte sin enfrentar la música y escuchar las correcciones", dijo Karl.

El cuarto quedó en silencio. Nadie se movió.

John se paró en seco: le habían arrojado el guante. Miró fijamente a Karl, volteó a vernos y empezó a reír. "Sólo estaba bromeando", dijo. La multitud aclamó a John cuando regresó a su peligroso lugar y comenzó su presentación una vez más.

Trabajamos con él hasta que su presentación quedó excelente y al otro día dejó a su audiencia sin aliento. Aunque no lo creas, John ahora es un autor de exitosos libros de ventas y un orador electrizante en todo el mundo. Esas experiencias cambiaron nuestras vidas.

Sin embargo, algo interesante es que sin importar qué tan feroz sea el ataque, después de escucharlo muchas veces se vuelve banal. Puedes pasar a la siguiente pregunta o información, pero lo mejor de todo es que los latidos que sonaban tan fuerte en tu pecho que ni siquiera te permitían oírte a ti mismo al hablar y la transpiración que corría por tu espalda simplemente se desvanecen.

Estos consejos son esenciales y los sigo poniendo en práctica, sea frente al espejo o mi esposa... ¡se ofrece como voluntaria para despedazarme por diversión!

He descubierto que quienes siguen estos pasos con diligencia aumentan notablemente sus ventas personales, porque cuando se paran frente a un cliente que en verdad objeta todo, ¡¡no tiene importancia!!

Los perros tienen cerebros realmente simples. Viven en un mundo de instinto, lealtad y recompensa. Los humanos son un poco más complicados, pero todavía tenemos la misma simpleza primordial. De hecho, estudios recientes han demostrado que al percibir una amenaza nuestros cerebros "cambian la concentración" de nuestras regiones de pensamiento lógico, altamente ordenado,, a las centradas en lo emocional, la memoria e incluso la supervivencia.

Esto vuelve casi imposible acceder a la parte lógica y racional de tu cerebro, porque las partes emocionales y de supervivencia de éste están asaltando neurológicamente tu proceso de pensamiento.

La mayoría de las filosofías de entrenamiento en ventas subrayan la necesidad de que los vendedores no se pongan a la defensiva. La sabiduría popular te dice que si una persona está a la defensiva, lo único que logrará es desanimar al prospecto. Es un gran consejo. Sin embargo, ponerte a la defensiva es natural cuando enfrentas rechazo y objeción. ¿Cómo superar esto?

La respuesta es: reacondicionamiento sistemático de tu mente. Básicamente, necesitas reprogramar tus respuestas. Entiende de manera clara la enseñanza común, para la cual una objeción simplemente es una vía para mayor discusión, aclaración o entendimiento. Sin embargo, si no vuelves a entrenar tus reacciones, nunca evitarás que la emoción abrume la lógica y la razón.

Nota: los perros, por otra parte, cuando perciben una amenaza, la olfatean con una especie de curiosidad tonta o enseñan los dientes para defenderse. (Un buen vendedor perro probablemente escogerá la curiosidad. Aquí es donde tu pit bull necesitará una cadena de castigo de vez en cuando para luchar contra sus instintos naturales.)

¿Cuántas veces recuerdas que alguien realmente se enfrentó a ti, te dijo que te largaras o, simplemente, hizo pedazos tu entusiasmo? ¿Recuerdas estar ahí de pie echando chispas, transpirando o rumiando, deseando tener una respuesta ingeniosa o hasta cortante? Probablemente en vez de eso te quedaste ahí parado y lo aguantaste, murmuraste algunos comentarios impotentes y te fuiste con el pelo erizado o la cola entre las patas. Después, unas horas más tarde, ¡al fin se te ocurrió una gran respuesta! Si tan sólo hubiera un "botón para regresar el tiempo" cuando se trata de ventas y tener otra oportunidad. ¿Dónde estaba esa gran respuesta a la objeción de tu prospecto? La verdad es que todo el tiempo estuvo ahí, atrapada bajo un montón de respuestas emocionales.

Recuerda que la objeción no es el problema. El asunto es que eleva tu respuesta emocional y reduce tu capacidad de pensar con claridad. La situación es más complicada porque al mismo tiempo se interpreta como falla personal, dejando una herida en el alma.

Una vez más, la manera de superar ese típico colapso emocional es mediante la repetición y respuesta a la objeción en un ambiente de práctica. Una vez que seas insensible de manera adecuada, si te disparan objeciones reales, las evitarás con facilidad y hasta sonreirás en tu interior sabiendo que "¡ésas ya las has escuchado!" Entonces puedes continuar olfateando, preguntando, indagando y buscando con la implacable curiosidad inherente a todos los grandes vendedores perros.

Una clave por aprender de nuestros amigos caninos es que no importa cuántas veces los desanimes y rechaces, persistirán en sus intentos de poner su nariz en tu regazo en busca de una caricia amistosa: ¡nunca se dan por vencidos y nunca lo toman como algo personal!

La Metropolitan Life Insurance y un equipo de psicólogos estudiaron el diálogo mental de miles de vendedores. Descubrieron que una parte de ellos tenían la habilidad de interpretar el rechazo como lo describimos en el capítulo 10:

1. Un incidente específico inconexo.

2. Algo que no tiene influencia en ningún otro aspecto de su vida.

3. Algo ocasionado por factores externos, como falta de sincronía, humor del prospecto o problemas con los que éste lidiaba.

Otro grupo del estudio tuvo la reacción opuesta. Veían el rechazo como un patrón negativo que reflejaba otras cosas negativas que pasaban en sus vidas. Reportaron que había algo malo en ellos, lo cual creaba esos resultados negativos. Al comparar el desempeño de los dos grupos, los resultados fueron sorprendentes: *el primer grupo sistemáticamente vendía 34 por ciento más que el segundo.*

Hueso: Vendedores perros han encontrado una manera de estudiar y corregir, si es necesario, aquellas tendencias antes de hacer una llamada por primera vez (véase la prueba de aptitudes en salesdogs.com).

Hay algunos perros que, debido a que les pegan y abusan de
ellos, tienen una autoestima muy baja. Cuando les levantas
la mano se encogen en espera del golpe. Aun con todo esto,
hasta esos perros regresan una y otra vez para recibir cari-
cias de amabilidad. No creo que la mayoría atrape a los gatos que persigue. Pero nunca he visto a un perro que al final
de la persecución se tire al piso, poniéndose las patas sobre
los ojos y lamentándose en medio de sollozos. En lugar de
eso, tienen la lengua fuera, les escurre baba y de nuevo están listos para continuar la persecución.

Recuerda sobre todo: Nunca tomes las objeciones y los
rechazos como algo personal. Durante un encuentro de ventas se debe echar la culpa a cualquier otra cosa.

*No estoy diciendo que no debas responsabilizarte de tus
resultados*, que pierdas el tiempo alegando fuerzas externas
e ideando teorías de conspiración. Ser responsable no significa darte de topes contra la pared, ni dejar que un acontecimiento negativo se convierta en generalización negativa de
toda tu vida.

Hay que recordar que los vendedores están en la primera
fila todos los días apoyando a su compañía. Cuando una gra-
nada cae en una trinchera, ¿debes sostenerla en la mano y
analizar por qué está ahí? No. ¡Deshazte de ella!

Aprende del encuentro para que no te vuelvan a lanzar
otra. Sin embargo, no te sientes a ver cómo estalla en tu cara.

Debes aprender de la experiencia y desarrollar fórmulas
y patrones ganadores que te harán más exitoso en el futuro.
Descubrirás tendencias, por ejemplo: "Los lunes en la tarde
son buenos para llamar a ejecutivos corporativos". O: "Es
importante asegurarse de que todas las personas que toman
decisiones estén presentes en las presentaciones importantes". O: "Las demostraciones deben ser cortas y agradables
o perderás el interés de tus prospectos".

Te recomiendo muchísimo que tomes en cuenta las objeciones del *kit* de entrenamiento de vendedores perros (visita
salesdogs.com) y las practiques una y otra vez solo y con tus
colegas y amigos. Al principio no es importante contestarles. Tan sólo escúchalos y di "gracias", hasta que puedas
hacerlo sin emoción alguna.

Después desarrolla respuestas lógicas y racionales a preguntas y objeciones. Te sorprenderá cuántas respuestas válidas hay para las mismas preguntas. Al principio puedes usar
técnicas rápidas de las que hablamos anteriormente para lograr el cambio de mentalidad. Una vez que lo hagas realidad, ¡estarás tan bien armado que te descubrirás esperando
escuchar tus objeciones favoritas! Siempre podrás seguir ca-
zando y nunca habrá necesidad de buscar refugio.

La mejor manera de reaccionar al recibir una objeción es
seguir haciendo preguntas de sondeo buenas y honestas. Las
respuestas bruscas diseñadas para atrapar al prospecto y que
esté de acuerdo contigo tan sólo lo alejan. ¡Nunca debe ser
un concurso entre el prospecto y tú! Es un proceso en el cual
moverás al prospecto con delicadeza hasta el punto en el
cual te permitirá serle de ayuda.

Una vez aprendida la técnica de mantenerte calmado y
pensar con claridad puedes dar un paso más en tu estrategia
de acercamiento. Hazlo formulando preguntas para obtener
más información y aclaración.

Primero. Siempre acepta la objeción con un "gracias" y
después repítela para demostrar que escuchaste y entendiste.

"Ahora, si lo escuché bien, creo que dice que el tiempo
de instalación es muy importante para todo el proyecto."

Esto demuestra que entendiste a tu cliente. Si está de acuerdo con la forma como repetiste la objeción, hazle preguntas
para explorar más sus preocupaciones. Sé sincero y evita

preguntas manipuladoras como "por qué". Tu meta no es demostrar su ignorancia, sino tener un entendimiento claro de los problemas.

La mayoría de los vendedores le dan vueltas a la objeción para obtener un acuerdo inmediato del cliente. Esta torpe manera de manipular sólo hace enojar a cualquier persona inteligente. Evita los "peros" y las condiciones. Si los usas inmediatamente después de una objeción, el prospecto sabrá que intentas discutir ("Entiendo lo que quiere decir, pero..."), o bien forzarlo a admitir algo ("Si le demostrara que..."). Tus preguntas deben cuestionar por qué tiene problemas particulares, de una manera que muestre empatía e interés genuino.

Hueso: Nunca busques atrapar o llevar al prospecto a un acuerdo, en especial tras una objeción. Recuerda, ¡no es un juego de ajedrez!

Otro consejo: cada vendedor perro tiene su propio monstruo. Algunos pit bull se ponen nerviosos cerca de animales pequeños o sólo les gustan los compañeros machos. Hay muchos poodle a los que les aterran los perros grandes. Los animales grandes y los sonidos extraños pueden asustar a los basset hound. Parte de la forma en que haces que los perros superen su miedo a otros animales (vendedores perros y caninos) es asegurarte de exponerlos a su monstruo en situaciones no amenazantes y que no involucren ventas.

Para algunos vendedores perros la intimidación se manifiesta en la forma de machos blancos, viejos, canosos, de porte sofisticado, quienes aparentan tener mucha autoridad. A algunos los perturban prospectos femeninos agresivos. Hay algunos perros más viejos a quienes les ofenden un poco los cachorros jóvenes, agresivos, arrogantes. Experimenta con diferentes escenarios hasta encontrar el que te intimide más. Practica las objeciones una y otra vez e imagina a tu mayor monstruo ladrando la objeción.

A mí me intimidaba mucho el ejecutivo de alto rango de cabello cano, bastante más alto, con lentes de armazón negro y mirada impaciente. Tartamudeaba buscando las palabras adecuadas con esos prospectos. Antes de superar mi complejo con esos ejecutivos, mi capacidad de vender a los niveles altos de las organizaciones era frustrante y sólo lograba un éxito mínimo.

Cuando comencé a hacer seminarios, parecía que se iban a presentar más y más tipos así que me desafiarían. Sabía que debía manejarlo, así que en vez de evadir sus preguntas comencé a practicarlas. Investigué mucho, de modo que no habría forma en que pudieran hacerme tropezar. Cuando llegaban las preguntas... estaba preparado.

Más importante aún, mi cerebro adoptó actitud de pit bull estilo Clint Eastwood, mientras mi subconsciente decía en silencio: "¡Ahí está... ande... alégreme el día!" Porque en mi mente había una cortina de conocimiento y entendimiento preparada para disparar si era necesario. Como lo había practicado tantas veces, esos rostros de cabello canoso y lentes oscuros perdieron la mayor parte de su carga emocional. Podía pensar con claridad porque estaba emocionalmente preparado.

Una nota final sobre el manejo de objeciones: hace muchos años viví un divorcio muy doloroso. Había muchas razones para llevarlo a cabo, pero la más grande era que ninguno de los dos tenía estómago para manejar conflictos. Cuando se presentaba uno, lo ignorábamos, barríamos debajo de la

alfombra o los guardábamos en el clóset. Siempre tomábamos la precaución de asegurarnos de que todo estaba "bien"
siempre. El problema fue que, tras ignorar o postergar demasiados conflictos reales, regresaron rugiendo con la fuerza de
una avalancha que nadie pudo detener. Evadí la objeción y al
final tuve que lidiar con ella en proporciones inhumanas.

Mi entrenamiento para manejar objeciones y rechazos y mi
aprendizaje sobre cómo prevenir un colapso emocional, me
permitieron manejar el conflicto. No estoy diciendo que no sienta nada al respecto. Todavía sufro colapsos esporádicos.

Sin embargo, ahora puedo ser objetivo y recuperarme muy
rápido. Además del dinero que este entrenamiento ha puesto
en mi bolsillo, me ha dado el grupo más rico de relaciones
con algunas de las personas más poderosas y dinámicas del
mundo. Lo más importante: me proporcionó la relación de
mis sueños con mi esposa Eileen. Si no obtienes nada más
de este libro, ¡aprende esto!

Cuando tu némesis te convierte en su presa

14

Perros guardianes y cerdos

Muchos vendedores perros con pedigrí a veces se sienten intimidados por el "perro guardián". Feroces y protectores del tiempo y energía de sus amos, se encargan de "examinar" las llamadas de sus amos: son los guardianes de la puerta.

Probablemente se ha escrito más acerca de cómo burlarlos que de cualquier otro tema en ventas: cientos de técnicas astutas y líneas inteligentes para encontrar maneras ingeniosas de alcanzar mediante estas personalidades a "quien toma las decisiones".

El problema es que la mayoría de estos rottweiler y doberman ferozmente defensivos y protectores ya han escuchado cada uno de los trucos y son muy astutos como para caer en cualquiera de ellos.

Ningún perro en sus cinco sentidos intentará enfrentarse a un pastor alemán de 60 kilos en la puerta principal. Le puedes aventar un filete lleno de pastillas para dormir, ¿pero no sería más fácil hacerte su amigo?

Cuanto más presiones, más fuertes se volverán, así que sigue el ejemplo de alguna película de Mel Gibson. En *Arma mortal 3,* de repente Mel se vio confrontado en un pasillo estrecho por un rottweiler que le gruñía. Sabiendo que podía ser su cena, optó por la estrategia más exitosa de un vendedor. Se echó al suelo, movió sus grandes ojos y empezó a lloriquear y gimotear como un cachorrito. Después de unos cuantos segundos, en vez de que lo hiciera pedazos, el atacante era su mejor amigo: le lamía la cara y le acariciaba el cuello con el hocico.

Ignoro si esto en realidad funcionaría con un rottweiler, ¡y no estoy listo para probar la teoría! Pero el concepto es válido. Hazte amigo de los perros guardianes. Es mejor tener esa masa de músculos y tenacidad de tu lado que peleando contra ti. Ponte a su nivel, háblales de manera que puedan entender.

Sus palabras estándar son: "Yo recibo las llamadas de X. ¿De qué se trata?" En vez de contestarles algo tajante para quitártelos de encima, di: "¡Genial! Permítame hablarle del producto". O: "Permítame decirle lo que me gustaría conocer de su compañía". Sé amigable, humilde y accesible, *nunca* trates con condescendencia a los guardianes.

Trátalos como si ellos tomaran las decisiones. En el entrenamiento de ventas nos dicen a menudo: "No pierdas el tiempo con nadie, excepto con quien toma decisiones". A veces son tonterías, porque puede ser que en este momento el asistente personal sea quien tome las decisiones y sea él quien decida si vas a pasar de la puerta principal. Trátalo con respeto y honestidad. Probablemente pronto escucharás algo como: "Ya sabes, en realidad necesitas hablar con X al respecto porque ellos saben más que yo".

Si haces esto bien, habrás ganado un aliado interno que te puede recomendar. Hazlo tu amigo y procura una relación de compromiso. Nunca es pérdida de tiempo construir una relación y a menudo puede dar frutos más adelante.

Hueso: En las ventas corporativas aprende a "honrar a la secretaria del cliente". Recuerda sus nombres y necesidades, no olvides agradecerles cada vez que puedas. Pueden ser tu mejor aliado o tu peor pesadilla.

Y luego están los *cerdos*.

De cachorro, un perro te llevará de regreso todo lo que lances. Conforme crece le resulta más fácil discernir dónde va a ensuciarse las patas. Lo mismo sucede con los vendedores perros.

La capacidad de determinar si el prospecto simplemente "está viendo", es "primerizo" o prospecto genuino vendrá con la experiencia. En mis conversaciones con todos los grandes vendedores del mercado, nadie está excluido de la caza. Nunca sabes cuáles son los puntos realmente buenos hasta que preguntas. Al principio, pasar mucho tiempo aprendiendo cómo calificar un prospecto es una pérdida de tiempo. Además, anula el valor de experiencias personales en el proceso.

Sin embargo, hay un animal que todos los perros con experiencia evitan: ¡El *cerdo*! De todos los animales de granja, se le considera uno de los más inteligentes... ¡aunque no ha hecho nada por mejorar su higiene o sentido del humor! Lo que pasa con los cerdos es que, además de ser muy listos, también son muy obstinados.

Cuando era niño, teníamos dos pastores alemanes en nuestra granja lechera. Ellos perseguían o jugaban con todos los animales de la granja excepto con los cerdos: eran los únicos que no jugaban. Sólo gruñían y vagaban por ahí. Si los perros trataban de ponerlos a jugar, los cerdos se enojaban tanto que de repente se daban vuelta y atacaban. ¿Alguna vez has visto a una persona o prospecto así?

Mi abuelo me enseñó una vieja expresión que encierra sabiduría. Mis amigos y yo la hemos usado en broma en las ventas y en la enseñanza. Puede que la hayas escuchado: "No trates de enseñarle a un cerdo cómo cantar, porque lo haces enojar y de todos modos no puede seguir la tonada".

Los cerdos son las personas que, frente a una razón indiscutible, la lógica o ventaja personal, escogen gruñir, refunfuñar, discutir y ser agresivas. No escuchan y definitivamente no quieren comprar. Sólo desean revolcarse en su lodazal y que entres con ellos para justificar su propio desastre negativo.

Hay un dicho que afirma: el cliente siempre tiene la razón. Yo lo matizaría diciendo que el cliente "razonable" siempre tiene razón. En otras palabras, hay muchas personas que, sin importar lo que digas u ofrezcas, serán cerdos. No cooperan, no están de acuerdo y, definitivamente, ¡no quieren cantarte una canción! Sólo buscan retarte, confrontarte y tomarte el pelo. No pierdas tu tiempo. Dios sabe cuánto tiempo desperdicié tratando de convencer a un cerdo, cuando quizá hubiera preferido que lo dejara solo.

Hay personas a las que debes dejar solas. Los buenos vendedores perros reconocen un "cerdo" cuando lo ven. A mi amigo Robert Kiyosaki le encanta decir: "Si pierdes el tiempo peleando con un idiota, ¡ahora tienes dos idiotas!"

No trates de enseñar a cantar a los cerdos

15

¡A cazar!
El sencillo ciclo canino de los vendedores perros

Seas retriever, pit bull, poodle, chihuahueño, basset hound o una combinación de todos estos petulantes cachorros, debes seguir la misma fórmula para alcanzar éxito en ventas. La diferencia se encuentra sólo en el estilo y enfoque para ejecutar esa fórmula.

En todos mis años en ventas y trabajando con grandes vendedores, he descubierto que el proceso de ventas es básicamente muy simple. En este libro he intentado disipar algunos mitos acerca de vender y darte las claves y secretos que me llevó años descubrir. Nadie quiere compartir esta información, porque casi siempre se obtiene con sangre, sudor ¡y un río de lágrimas!

Te he dado la mentalidad crítica y las técnicas directas para aumentar tu efectividad y encontrar la olla llena de oro que buscas. No pierdas demasiado tiempo en otras cosas. Si tu mente está bien, lo demás se irá dando.

¿Alguna vez has visto a un terrier amarrado a un poste dos minutos mientras su dueño entra al 7-Eleven a comprar un billete de lotería? Se enredará solo hasta cortar la circulación de sus hiperactivas patitas.

Es exactamente lo que como vendedores perros hacemos con cada teoría, estrategia y sistema infalible de ventas para aparecer en un mercado entusiasta y con expectativas.

No hay nada sofisticado en ventas directas. Todo se reduce a tres partes básicas:

- ✔ Prospectos.
- ✔ Citas, por teléfono o cara a cara.
- ✔ Hacer arreglos (cierres).

Cómo ganar prospectos

Es sólo un juego, simple y divertido. No es una medida de tu inteligencia ni de tu propio valor.

Un perro con una pelota acudirá a cada persona del parque hasta que alguien acepte arrojársela. Sabe que al final algún alma caritativa lo hará, no es un asunto de si sucederá o no, sino cuándo. Como vendedor perro debes tener la misma actitud.

El que tiene más energía gana

> **Hueso muy importante:** *Las ventas son un negocio de energía pura.* Cuando dos personas entran juntas a una situación de negocios, ¡gana la que tiene más energía!

CALIFICAR O NO CALIFICAR, HE AHÍ EL DILEMA

Se ha dicho mucho acerca de si debes o no pasar tiempo calificando a tus clientes potenciales. ¿Es provechoso dedicar tiempo a descubrir si pueden interesarse en tu producto y servicio o es mejor sólo preguntarle a todo mundo? Para empezar, no creo que debas preocuparte por calificar prospectos, por cuatro razones fundamentales:

1. Vender es un negocio de energía, lo que gastes regresará. Así que salir y hablar con personas es provechoso porque genera energía.

2. Podrías equivocarte. Puedes pensar que el prospecto x no tiene un uso obvio para tu producto, pero no lo sabes con seguridad e ignoras lo que él sabe. Puede tener un amigo desesperado por tu producto en específico y no lo encuentra en ningún lado. Nunca podrías saberlo.

3. Te puede ayudar a desensibilizarte al rechazo y te dará oportunidad de practicar tus objeciones con un prospecto relativamente poco importante.

4. El tiempo que desperdicies pensando si alguien está interesado... ¡puedes usarlo de manera más efectiva si simplemente le preguntas!

Tu lema debe ser: "¡Sí!", di "Sí" a todo. Sí, irás a la fiesta. Sí, le hablarás al amigo de alguien. Sí, serás voluntario para ayudar a un colega o amigo. Lo único que debes hacer es ponerte en contacto con cualquiera que tenga el más remoto interés. No te importa si les gustas, te odian, tienen dinero o no. Sólo ponte frente a ellos. Los clientes potenciales están por todos lados. Una llamada telefónica, el amigo de un amigo, la llamada al azar en alguna página del directorio telefónico, una pregunta por teléfono, no importa.

PRIMER PASO

Nunca hables con alguien que no sepa quién eres. ¡Definitivamente nunca debes hablar con nadie que no sabe quién eres, hasta que hables con todos los que sí lo sepan! Debes ver a quienes hayan tenido referencia de ti o respondido a tus materiales de mercadotecnia.

Recuerda que estos materiales (correo electrónico, fax, anuncios o páginas web) deben incluir una oferta que incite a una persona a responder y pedir más información. Puede ser una línea en tu página web que ofrezca un reporte gratis por darse de alta. ¿Qué tal una carta de ventas que ofrezca consulta gratuita valuada en 250 dólares si se aprovecha antes del final del mes? Usa tu imaginación.

Ganar prospectos es el arte de ganar interés mediante contactos. Siempre alguien conoce a alguien más. Revisa reportes anuales, balances generales, directorios de negocios, artículos y publicaciones periódicas en busca de nombres para mandar información. Se pueden comprar listas de prospectos, de otras compañías y fuentes que se beneficien de que ofrezcas tu producto u oportunidad a sus clientes. A menudo he pagado regalías a otros por utilizar sus bases de datos si vendo algo a cualquiera de sus clientes. Si eres un pit bull puedes salir y vender en frío para tu tranquilidad. Yo mismo he aprendido del poodle que los prospectos se dan por contactos. ¿Quién crees que conozca a mucha gente? Pregúntale si conoce a alguien que pueda interesarse en tu producto, servicio u oportunidad. Habla con usuarios anteriores, clientes, amigos y pregúntales si tienen un prospecto. Eso hará que las cosas se vayan dando. Es un proceso simple: consigue una fuente o múltiples fuentes de prospectos, mándales una oferta y ve quién estira la mano para obtener más información. Ahí están tus prospectos. Todo lo demás debe ser por referencia.

SEGUNDO PASO

Haz el contacto inicial de la manera en que te sientas cómodo. Cada raza se inclina hacia un método particular de comunicación. Al pit bull le gusta el teléfono y tiene poca paciencia para todo lo demás. El retriever y el basset prefieren una carta de presentación, porque impone y confronta menos. A los chihuahueños les gusta la rapidez y la tecnología del correo electrónico y el poodle prefiere algo cara a cara porque puede deslumbrar con su presencia: si no se puede entonces un folleto o carta de ventas bien hecha están a la orden del día, se trata de imagen y primera impresión.

La mayoría de las ventas uno a uno empiezan con una llamada telefónica. Si tienes tendencias de pit bull, una llamada en frío no te perturba, pero para el resto de la jauría quizá sea la segunda opción luego de una introducción inicial, material de mercadotecnia o referencia. Tras uno de esos contactos iniciales, llama a los prospectos y:

1. Agradece, asegúrales que no les robarás mucho tiempo y preséntate y presenta tu producto o servicio.

2. Agradece, asegúrales que no les robarás mucho tiempo y
   pregunta si recibieron la comunicación de presentación
   que les mandaste y si tienen alguna pregunta.

3. Agradece, asegúrales que no les robarás mucho tiempo y
   ofrece proporcionarles más información, aclaraciones o
   detalles respecto al producto o servicio.

Recuerda ser educado y entusiasta, no hables demasiado.
Pregúntales cuándo sería un buen momento para encontrarte con ellos y fijar una cita. Si no te proponen ninguna fecha, sugiere una o varias. Tu meta en esa llamada tan sólo es conseguir una cita.

Si haces la venta por teléfono, pregunta si es el momento adecuado o si prefieren algún otro momento y acuerda otra cita. Siempre trata de que los prospectos te dejen contactarlos otra vez en un periodo específico de tiempo. Así conseguirás el permiso de mantener líneas de comunicación abiertas entre ambas partes.

Después de la llamada inicial, escribe una carta de un párrafo simple para agradecer a los prospectos el haberse tomado el tiempo de hablar contigo y diles que esperas encontrarte con ellos en el tiempo y lugar fijados. Diles que pueden llamarte en cualquier momento si tienen alguna pregunta. Pero más que nada, agradece sinceramente su interés y su tiempo. (Debes hacer un hábito de mandar notas de agradecimiento después de cada interacción.) Si el costo es un problema o tienes miles de prospectos, puedes mandar las cartas de agradecimiento por correo electrónico para mantener bajo control tus niveles de gasto.

TERCER PASO

Si todavía no la llevas a cabo, haz tu investigación de mercado en este momento. Aprende todo lo que puedas acerca de los prospectos, sus negocios e industrias o sobre cómo recibieron la información al principio. Estar equipado así te dará confianza y demostrará a tus prospectos que los tomas en serio y dedicaste tiempo para descubrir *sus* necesidades.

Prepara una lista de preguntas que te gustaría hacer al prospecto con anticipación y ensaya si nunca has hecho esto antes. Ensáyalo con un colega, quien incluso te puede hacer preguntas o anteponer objeciones para que practiques el contestarlas. De esa manera no te sorprenderán ni te pondrán las preguntas simples que te haga el prospecto.

También es importante saber con quién estás hablando. Determina rápidamente qué tipo de persona es. La mayoría de los vendedores olvidan esto y puede ser fatal. Si hablas con el prospecto en tus términos y desde tu perspectiva, es fácil que nunca lleguen a conectarse en realidad... ¡adivina por qué!

Cada prospecto también es una raza que tiene formas de atención que debes conocer y buscar. Una vez que reconozcas la raza, comunícate con el estilo del prospecto, para que los dos hablen el mismo idioma.

Si el prospecto es un:

Pit bull:

- ✔ Puede ser controlador, abrupto y directo, así que haz rápido tus comentarios y ve al grano.
- ✔ Puede que no necesite socializar mucho.
- ✔ Las propuestas deben ser breves.

✓ Relaciona las cosas en términos de beneficios inmediatos para él.

✓ No te andes con rodeos.

✓ Pregúntale sus opiniones acerca de lo que harás después.

✓ Subraya los eventos importantes que ocurrirán.

✓ No des demasiados detalles.

Chihuahueño:

✓ Se orienta hacia los detalles y la investigación.

✓ Proporciona todo el material de apoyo, incluyendo hechos y cifras.

✓ La exactitud es fundamental para los chihuahueños, así que revisa todo tres veces (¡no permitas errores de imprenta!).

✓ Requieren de pruebas buenas y sólidas.

✓ Haz una propuesta detallada.

✓ Proporciona testimonios de fuentes con credibilidad.

✓ Habla con claridad y respalda todo con hechos.

✓ Él querrá ver un plan.

Poodle:

✓ Está consciente de su imagen, es experto en cuestiones sociales, le encanta hablar, conoce las tendencias del mercado.

✓ Asegúrate de conectarte a nivel personal.

✓ Utiliza referencias.

✓ Enumérale los beneficios en términos de imagen.

- ¿Hay alguien más a quien quiera responder?
- Ser el primero en el terreno puede ser importante (considerado un innovador).
- Hazle cumplidos por las cosas que ha hecho.
- Pídele sus opiniones.

Retriever:

- Servicial y amigable.
- Concéntrate en el servicio al cliente tras las ventas.
- La continuidad es primordial.
- Sé amigable, conéctate a nivel personal, pregunta por él personalmente.
- Habla en términos de futuro a largo plazo.
- El trabajo empieza después de la venta.
- Ofrécele cualquier cosa que puedas hacer por él.
- Pídele referencias.
- Querrá ver un plan.

Basset hound:

- Le gusta el trato personal, aprecia los valores y busca conexión personal.
- Pregúntale por sus necesidades.
- Enfatiza tu lealtad, servicio, credibilidad y valor.
- Pasa tiempo con él.
- Debes estar de su lado.
- Comprende su situación.
- Practica la humildad.

Mientras los prospectos hablan es importante observarlos
física, mental y emocionalmente. Imita sutilmente su lenguaje corporal. En otras palabras, si tiene los brazos cruzados, cruza los tuyos. Si tiene las piernas cruzadas, crúzalas.
Si se está inclinando hacia adelante, inclínate con él. No seas
demasiado obvio al respecto. Esto se hace sólo para que cons-
truyas una relación con esa persona.

Si habla rápido y mueve mucho las manos, probablemente sea muy visual. Por lo tanto cuando hables con él debes
hablar en términos de imágenes, dibujándole un cuadro. Pregúntale si puede *ver* de qué estás hablando.

Si hablan con lentitud y calma y parece que piensan antes
de hablar, probablemente sean muy kinestésicos (orientados
hacia el tacto). Cuando hablas con esas personas debes hablar también lento, con tonos más calmados. Lo más importante es que hables con ellos en términos de cómo *siente* el
proyecto. Pregúntale si puede *sentir* de lo que estás hablando. Pídele que te confíe sus sentimientos o su intuición acerca del camino que *sientan* que deben seguir. Estos indicadores
te ayudarán a comunicar más claramente a este tipo de persona lo que estás tratando de decir.

Hay una tercera categoría de prospectos, la cual es lo que
llamamos auditivos. Parece que estos prospectos hablan
como en un sonsonete. Para tratar con ellos tienes que "*sonar* bien". Con estas personas, que son una minoría, debes
usar palabras como "escuchar," "oír," "¿le dice algo?", ¿le
suena bien?"

La razón de estas acciones es que a través de ellas se construirá una relación subconsciente o inconsciente entre la persona con la que hablas y tú. De hecho, si sólo hablas con ella
por teléfono, probablemente sea bueno tener la conversación de pie y caminando, de preferencia con un auricular.

Esto le da más energía a lo que tienes que decir, y es probable que la otra persona sienta también esa energía. Te permite pensar con más claridad y también hablar en términos visuales y kinestésicos aunque no tengas contacto visual directo con la persona con la que estás hablando. Hasta debes considerar poner un espejo encima de tu escritorio para que te puedas mirar periódicamente en cualquier conversación telefónica. Si tu expresión facial está contraída y tensa, te garantizo que esa también será la energía que estás transmitiendo a través del teléfono.

Cuando estábamos en el negocio de los transportes, teníamos que lidiar con mucho servicio al cliente, en especial con personas que no siempre estaban muy satisfechas. Como era un negocio de entrega en donde importa el tiempo, había muchas probabilidades de que fallara el servicio. Todas las personas de servicio al cliente tenían espejos frente a sus escritorios para recordarles que debían tratar de mantener su energía alta y sus sonrisas amplias. Podías saber si un camión iba con retraso para hacer una entrega porque veías por lo menos a tres o cuatro personas con auriculares caminando alrededor de sus escritorios mirando continuamente al espejo para evitar estar deprimidos, a la defensiva o frustrados. Funciona de maravilla.

UN ÚLTIMO CONSEJO PARA GANAR PROSPECTOS

En el escenario de los prospectos, lo importante es la acción y la energía. Cuanto más alta sea la energía, mejores serán los resultados. Utiliza las técnicas expuestas en capítulos anteriores para lograr un cambio de mentalidad y mantener tu energía alta todo el tiempo.

Es curioso: una vez que empiezas a desarrollarte, te mantienes tan ocupado desarrollándote que eso crea un campo de energía propio. De repente la gente empezará a buscarte para hacer preguntas, te llamará, querrá saber lo que tú sabes, hablar contigo, "lanzar la pelota" contigo.

Cuando diriges un equipo de vendedores lo único que tienes que hacer es mantenerlos alimentados y nutridos. Sólo haz que llamen y vendan como vendedores perros salvajes y no te preocupes por nada más... y eso incluye las ventas.

Ese día fundamental cuando hice 68 llamadas en frío es un ejemplo clásico. Era un juego. No estaba tratando de vender nada. Tan sólo estaba siendo un vendedor perro. Fuera de esa línea de fuego no vendí nada y tan sólo obtuve una cita, ¡pero al otro día tuve una venta y tres citas en seis llamadas! Es cuestión de energía.

Correr de una oficina a otra puede sonar a pit bull y lo es un poco. Se trata más bien de liberar energía. Puede que lo intentes y te parezca incómodo. Está bien. Utiliza lo que te haga sentir cómodo para hablar y comunicarte con la mayor cantidad posible de personas. No se trata de entrar corriendo para acosar gerentes, pero sí se trata de emplear la energía. Hazlo mediante la mercadotecnia, los servicios y amigos, arrojando datos, ¡pero hazlo! Con la generación de energía tienes dos metas: mucha gente y muchas citas.

Citas

Una vez agitada la energía que rodea a tus prospectos, seguirá una cita o el permiso de volver a llamar. Es un paso básico al relacionarte con ellos. Aquí te sugerimos tres pasos para asegurarte de que tus citas terminen en ventas.

CUARTO PASO

El día de la cita o llamada telefónica, asegúrate de prepararte de la siguiente manera:

- ✔ Arréglate y vístete bien. Aunque todas las ventas sean por teléfono, si te ves bien, te sientes bien, y eso se transmite cuando te comunicas. Estar vestido profesionalmente cambia tu mentalidad a un estado de éxito y eso impulsará tu juego. Recuerda que la primera impresión es cuestión de segundos. Algunas personas cavan su propia tumba antes de salir por la puerta. Mi amiga Sherry Maysonave, en su libro *Casual Power*, afirma que el porcentaje de diferencia en el volumen de ventas entre quienes se arreglan y se visten correctamente y quienes no es astronómico. Como una regla, siempre trata de vestirte un nivel más arriba de tu prospecto. Nunca acuerdes una cita para vender si te ves demasiado informal.

- ✔ Haz lo que sea necesario para poner tus emociones y pensamientos en el lugar correcto. En otras palabras, escoge la emoción antes de la cita. Muéstrate emocionado, entusiasta y feliz: el resultado de tu cita reflejará esa mentalidad.

- ✔ Sé puntual y llega a tu destino por lo menos cinco minutos antes de la hora acordada. Si la cita se concertó con una semana de anticipación, llama con antelación para confirmarla antes de subir al auto. Esto demuestra cortesía y buena planeación.

Si quedaste de llamar en una fecha específica, asegúrate de hacerlo. Al parecer, muchos pensamos que la cita por teléfono es menos importante que una cara a cara. Sin embargo, si no haces lo que dijiste que harías al principio de la relación, ¿qué confianza puede tener este prospecto de que te portarás de manera diferente si hacen negocios juntos?

Cumple lo que dijiste que harías. Es muy importante mantener tus acuerdos y, si cualquier cosa cambia, informa a la otra persona tan pronto como te sea posible.

QUINTO PASO

Cuando llegues a la cita o hagas la llamada telefónica, recuerda enfocarte en lo que deseas como resultado del encuentro. Antes del mismo, trata de recordar una experiencia similar positiva en la cual todo haya salido muy bien. Ancla ese momento positivo en tu mente reviviendo el momento y permitiéndote sentir esa emoción.

El guardaropa de Darla era
bastante cuestionable

Cuando te encuentres con el prospecto cara a cara por primera vez, asegúrate de sonreír y dar un apretón de manos, si es la costumbre en tu región. (Como nota del apretón de manos... no aprietes mucho y no seas débil. Responde de igual manera a la firmeza del prospecto. Si la manejas mal, esta situación puede crear un sentimiento momentáneo de incomodidad, que no es la mejor manera de empezar una relación.) Espera a que el prospecto indique un asiento antes de sentarte.

Si haces una llamada telefónica, es aún más importante que sonrías, ya que esto se transmitirá en tu comunicación.

Diseña una conversación para conocer lo más posible sobre el prospecto: sobre lo que hace, por qué lo hace, por qué le gusta, cuáles son sus ideales, frustraciones y problemas. *No trates de vender*. Ocupa el tiempo haciendo preguntas relevantes. No te permitas lanzarte a vender aunque te lo pidan. No puedes hacerlo hasta que hayas llenado la cubeta con información. Diviértete. Muéstrate verdaderamente interesado y no trates de ser "interesante"... ¡todavía! Si tienes que hablar de ti, habla de tus experiencias relacionadas con el producto o servicio, de preferencia en tu propia vida. ¡No te lances!

Los grandes vendedores perros son eternos estudiosos de la psicología humana, el lenguaje corporal, la imitación y de cualquier otro aspecto que los ayude a construir una relación. El *kit* para construir relaciones de los vendedores perros se revisa en unos minutos y produce conexión, comprensión y afinidad instantáneas con casi cualquier cliente con quien hables en persona, por teléfono o mediante internet.

Formula preguntas y *escucha* respuestas. Las primeras pueden ser:

- ✔ ¿Cómo escuchó acerca de nuestro servicio o producto?

- ✓ ¿Qué necesidades particulares tiene respecto de nuestro servicio o producto?
- ✓ Cuando le recomendaron el producto, ¿qué fue lo que llamó su atención en especial?

Escucha para obtener y recordar información importante y además muestra físicamente a los prospectos que estás escuchando de manera intensa. Esto les dejará ver que en realidad estás interesado y completamente al pendiente de lo que tienen en mente. Cuando hablen, cuídate de no interrumpir, no importa cuánto te emociones por algo que acaban de decir. Muchas veces los vendedores en medio de la disertación del prospecto proponen una solución o una gran idea en la cual están convencidos que se interesará el prospecto, basándose en lo que acaba de decir. No cometas ese error. Escucha de principio a fin. Puedes estar emocionado por algo pero recuerda que lo único que el prospecto quiere es decirte lo que está pensando. No le interesa lo que *tú* tienes que decir hasta que haya terminado con lo que *él* tiene que decir, así que mantente en silencio y escucha.

Sigue haciendo preguntas abiertas (preguntas que no admitan una sola palabra como respuesta), como por qué, cuándo, cuántos. El segundo nivel de preguntas que hagas deben ser relativas a los prospectos, sus negocios, la naturaleza de sus necesidades y lo que quieren en específico, si todavía no lo han dicho. En otras palabras, en ese momento tómate el tiempo de conocer más acerca de sus negocios, si se trata de una venta de negocios. Si es una venta al menudeo trata de conocer más acerca de para qué van a usar el producto o servicio. Averigua tanto como te sea posible.

Si es una venta de mercadeo en red, descubre cuáles son sus metas en particular para involucrarse o interesarse en este tipo de oportunidad de negocios. Escucha con atención y averigua estas tres cosas:

1. Sus metas tangibles específicas.
2. Su opinión acerca de cómo usar el producto o servicio.
3. Su expectativa emocional.

Lo que quieres averiguar es cómo se quieren sentir o sentirían si este producto o servicio llenara todas sus expectativas. Esto es importante porque cuando empiezas a darles respuestas, debes hacerlo con base en estos tres criterios.

Si los prospectos sólo quieren que les hables de tu producto, servicio u oportunidad, e insisten en que hables primero, debes aceptarlo de manera educada después de unas cuantas preguntas rápidas. Es importante que te asegures de escuchar primero por varias razones: te da tiempo para relajarte; te permite entender cosas importantes acerca del prospecto, como su energía, emociones, necesidades, expectativas, lenguaje corporal y muchas otras cosas.

SEXTO PASO

El único resultado del primer contacto debe ser acordar otro día para presentar una propuesta, una solución preliminar o un proceso mediante el cual los clientes alcancen las metas mencionadas. Si pudieras hacerlo en la primera conversación sería maravilloso. Sin embargo, no te frustres si no cierras el trato en la primera llamada. Recuerda, se trata de formar una relación.

De hecho, tu meta es doble en el primer encuentro. La inicial, como ya lo mencioné, es crear una oportunidad, otra cita o momento para regresar con respuestas más detalladas a sus preguntas. La segunda es hacer un acuerdo con ellos sin otro propósito que tan sólo probar que puedes mantener un acuerdo. (Por supuesto, esto no lo dices a los prospectos.) Haz un simple acuerdo como: "Lo llamaré pasado mañana para hablarle de mis progresos", o "Le enviaré algunos folletos, más testimonios o referencias en las próximas 48 horas". Aun si tus prospectos no quieren estas cosas, es importante crear una oportunidad para hacer un acuerdo y mantenerlo. Esto comienza a crear un antecedente, establece de manera inconsciente en sus mentes que eres confiable y que haces lo que prometes. En cada conversación siguiente que tengas con los prospectos tan sólo hay una meta. Por lo menos, asegúrate de que tengas otro acuerdo de manera que puedas cumplirlo en algún momento en un futuro muy cercano.

Recuerda, los perros buenos siempre regresan la pelota una vez que se la han lanzado. La regresan una y otra y otra y otra vez. *Tú* tienes que crear una pelota para que te la avienten haciendo un acuerdo para que les puedas servir de alguna manera. Una vez que les das la pelota, de hecho la estás lanzando por ellos, y luego empiezas a llevarla de regreso. Al hacer esto, en sus mentes instalas un mensaje subconsciente de confianza y atención. Estableces un antecedente de confianza en sus mentes para que después cuando llegue el momento de decidir entre tú y alguien más, recuerden que eres un vendedor perro que siempre cumple lo que promete.

Se acuerdan citas subsecuentes para presentar más materiales, dar y presentar propuestas, "hacer acuerdos" y firmar órdenes.

Considera, por ejemplo, la historia de Francine. Ella era una persona extremadamente afable y bondadosa. Su sinceridad era igualada tan sólo por su inteligencia y su genuino interés en los demás.

Cada vez que Francine regresaba a la oficina después de una llamada de ventas, su gerente preguntaba: "¿Cuántas cerraste hoy?" Eso la volvía loca. En especial cuando no podía darle la respuesta que él quería. Se frustró mucho con su trabajo y terminó por dejarlo. Juró que las ventas no eran para ella y que simplemente haría otra cosa que fuera menos estresante y con un ingreso más fijo. Una amiga suya le recomendó que fuera a una entrevista para un puesto en ventas, ofreciendo servicios de internet por teléfono. Se lamentó y dijo que de ninguna manera iba a regresar a la presión de las ventas, en especial las ventas por teléfono. Sin embargo tenía tiempo, así que fue. Le encantaron los servicios y construyó una relación instantánea con la gerente, Emma, quien la entrevistó. En la entrevista expresó su preocupación y su renuencia a la gerente. Emma animó a Francine a intentarlo de nuevo. Le dijo que su única meta en cada llamada era establecer otra oportunidad para llamar al prospecto para darle información adicional, dar seguimiento a un compromiso establecido o revisar el estatus de la venta. Emma sabía que Francine era un verdadero retriever, dispuesta a servir, y un basset hound con la capacidad de ganarse el corazón de cualquiera. Aunque sus conversaciones fueron por vía telefónica, Francine se convirtió en el vendedor perro número uno del equipo. Nunca se volvió a preocupar por "cerrar el trato". Todo lo que hizo fue tratar de conseguir la siguiente cita telefónica, fijar el día y, como un reloj, darle seguimiento. Para Francine, cada llamada era una oportunidad para servir. Cada cita telefónica estaba diseñada para construir una relación cada vez más fuerte hasta que simplemente era momento de hacer la entrega.

SÉPTIMO PASO

Lo que más me gusta hacer al vender me ha traído algunos problemas en el transcurso de los años pero me ha mantenido como el número uno durante más de veinte años y me ha hecho ganar mucho dinero. Mis asistentes técnicos me odiaban por eso y mis socios pasaron muchas noches sin dormir cubriéndome por ello y hasta ahora a veces me mantiene despierto por las noches, sin embargo lo hago.

¡Les das cualquier cossa que quieran!

Sip, eso es. Eso es lo que llamo el enfoque "varita mágica". "Si pudiera mover una varita mágica para crear la solución ideal, proporcionar el servicio ideal, la mejor política, la casa perfecta, ¿cómo sería?" Yo escucho, hago unas cuantas preguntas más específicas y me preparo para entregar. Iré a los confines del planeta para encontrar esa pelota para ellos, sin importar dónde la hayan arrojado. Los mantendré informados de la investigación, la creación, las pruebas y tribulaciones a lo largo del camino (recuerda razones para mantenerse en contacto) y de algún modo encontraré la manera de resolver los problemas que tienen.

Ejemplos típicos de exigencias que los clientes pueden hacer cuando les haces la pregunta de la varita mágica: "Quiero un programa de entrenamiento que cambie la actitud de mis gerentes para que sean entrenadores en vez de dictadores". "Necesito que entreguen mi cargamento en Nueva York todos los lunes antes de las 9:00 a.m.". "Necesito un sistema de *software* que elimine la repetición de doble destino de los impuestos de las nóminas". Quiero una forma de lograr libertad financiera sin renunciar a mi trabajo normal".

De hecho en estos días uso esa técnica y elevo los niveles aún más alto al garantizar que si no entrego lo que quieren, no tienen que pagarme. Únicamente una vez le he devuelto su dinero a alguien y sólo porque yo no estaba satisfecho con el resultado del entrenamiento.

Ves, para las peticiones más razonables, hay una solución. Un gran vendedor perro la puede encontrar. Un amigo mío estaba buscando un asesor de inversiones y un nuevo contador. Entrevistó muchos prospectos de calidad pero ninguno lo satisfizo. Estaba en una fiesta y de casualidad le explicó su difícil situación a un tipo joven que resultó ser contador. Sabiamente le hizo la pregunta a mi amigo. "Si tuvieras una varita mágica, ¿qué es lo que realmente quisieras en términos de estrategias de inversión?" Mi amigo estaba un poco sorprendido porque hasta ese momento tan sólo le habían dicho lo que no podía hacer. Después de un momento contestó: "Bueno, me gustaría poder invertir en una base deducible de impuestos y al final retirar el dinero libre de impuestos en un futuro". El joven se rió y dijo: "¿No es lo que querría todo el mundo?" Después añadió rápidamente que no estaba seguro de que se pudiera hacer pero le preguntó a mi amigo si estaría dispuesto a reunirse con él, con un compañero de seguros, un administrador de portafolio y un abogado fiscal en su oficina algún día la semana siguiente. Mi amigo estaba extasiado. No sé si obtuvo todo lo que quería, pero cuando le pregunté tan sólo me brindó una gran sonrisa y dijo: "Tengo un equipo que se encarga de ello". En ese caso un contador sabio, sin miedo a ofrecer soluciones que no tenía en su propia bolsa de trucos, consiguió un cliente de por vida para él y varios socios.

En el negocio de la información tecnológica, mis asistentes técnicos me gritaban y me reclamaban que nuestras computadoras no desarrollaban las funciones que le describí al cliente. Por lo general encontrábamos la manera de adecuar esas características o adoptábamos otro sistema que cubriera esos requerimientos. De esa manera perdí algunas ventas, pero muy pocas, y definitivamente las que perdí se convirtieron en cargas pesadas para mis competidores por las enormes expectativas del prospecto.

Hacer arreglos (cierres)
OCTAVO PASO

Ya sea en la primera llamada o en una posterior, llegará un momento en el que sea tu turno de proporcionar información. Después de que hayas hecho las preguntas y te sientas lo suficientemente cómodo con quién es la persona, y en cierta forma sientas que estás construyendo la relación, comienza a responder sus preguntas en términos de la manera en que tu producto, servicio u oportunidad resolverá sus problemas física, mental y emocionalmente. Nota su reacción. Nota las respuestas de su lenguaje corporal ante las cosas que dices. ¿Está moviendo la cabeza? ¿Cruza los brazos y levanta la ceja? ¿Hace otro trabajo mientras estás hablando? ¿Mira su reloj? ¿Tiene la mirada perdida?

Nota todas estas pistas físicas y responde a ellas tan rápido como puedas. No cometas el error de seguir sin parar cuando el lenguaje corporal del prospecto te dice claramente que no le interesa o que no está de acuerdo. Si el prospecto empieza a hacer su trabajo mientras estás hablando, no es una buena señal. Debes detenerte en ese momento y observar al prospecto. Si estás obteniendo lenguaje corporal negativo o sientes que las cosas se te salen de las manos, pregunta al prospecto o cliente si está entendiendo. ¿Cómo se siente? ¿Entiende lo que ha escuchado? Haz cualquier pregunta que requiera de una respuesta para que sepas cómo te está yendo. No sigas cavando un hoyo si no estás seguro de que la visita está saliendo como es debido. Haz preguntas. Si su lenguaje corporal o sus respuestas son favorables, es una buena señal. Obsérvalo periódicamente y pregúntale cómo está entendiendo la información. Sé flexible. Cambia el curso o la dirección en un momento dado si es necesario. No seas del todo dócil, pero sigue la pista del prospecto.

Cuando sea el momento, empieza a preguntarle sus puntos de vista acerca de cómo se implementará este producto, servicio u oportunidad. Incítalo a que hable en términos de cómo le gustaría ver la evolución de este proceso. ¿Cuándo es el momento para hacerlo? El momento para hacerlo es *en cualquier momento* que sientas que el prospecto entiende, está de acuerdo o concuerda con lo que le estás diciendo. Si has manejado la mayoría de sus objeciones principales y si le has dado respuestas satisfactorias a las preguntas que ha hecho y si parece que no hay más asuntos por resolver, es el momento de empezar a hacer esas preguntas.

A esta parte del proceso yo le llamo "hacer arreglos". Deberías eliminar la palabra "cierre" de tu vocabulario de ventas. A nadie le gusta que le den cierre. Y muchos vendedores tienen miedo de llevarlo a cabo. Tan sólo piensa que vas a empezar a hacer arreglos para instalar, implementar, entregar o contratar. Primero, pregunta cómo lo ve, o qué es lo que siente a ese respecto. Una vez que el prospecto empiece a pensar en esos términos será tan sólo cuestión de preguntarle "cuándo", "dónde" y "cómo". ¿Cuándo le gustaría hacer la entrega? ¿Qué tan rápido le gustaría empezar? ¿Qué tan rápido le gustaría empezar a aprovechar esta oportunidad?

En el proceso, y probablemente antes de que este arreglo se lleve a cabo, sin duda habrá preguntas y posibles objeciones. Recuerda practicar las objeciones con anticipación tan rápido como puedas, tantas como puedas y tan seguido como puedas. La razón es que las objeciones simplemente se vuelven parte de la conversación y no una experiencia emocional traumática. Contesta todas las objeciones y preguntas tan clara y brevemente como puedas. Sin embargo, en la mayoría de los casos es apropiado contestar una pregunta o una objeción con una pregunta inicial, como: "Gracias, entiendo que sienta que esto puede estar un poco por arriba del presupuesto", "¿Por qué lo dice?" o "Usted mencionó que el tiempo no le acomoda en este momento ¿Por qué?"

Al hacer preguntas para encontrar en realidad "por qué", en vez de tratar de atrapar al prospecto, demuestras genuino interés en su difícil situación. Asegúrate de relacionar continuamente los beneficios reales, tangibles, emocionales e irresistibles de tener lo que estás ofreciendo. Nunca jamás trates de manipular a los prospectos. Ellos lo sentirán y pelearán para liberarse como un animal atrapado. Las ventas se tratan de hacer amigos y relaciones, no de ganar una batalla de inteligencia.

Por eso no tienes que ser un perro de ataque para ganar mucho dinero en las ventas. Los pit bull, poodle, retriever, chihuahueños o basset hound pueden cumplir este proceso igual de bien con sus propios estilos.

La intensidad del chihuahueño construirá relaciones formidables porque el prospecto percibirá un verdadero interés y preocupación. El verdadero retriever ofrecerá el apoyo y la comprensión únicos de su raza y reconfortará al prospecto desde esa perspectiva. El poodle ofrecerá su punto de vista profesional acerca de la solución en una manera que hará que el prospecto se sienta en confianza con la fuerza y la validez del servicio, producto u oportunidad. El basset hound es un maestro en construir relaciones. Su capacidad natural para escuchar y su comprensión de los problemas difíciles del cliente ganarán el cariño de éste en los meses siguientes. Los grandes perros viven para este momento y cuanto más haya esperándolos más felices serán. Los pit bull tienen que cuidarse de ser pacientes, convertir las objeciones en más conversación y al menos fingir que están interesados. Consejos para los pit bull: ¡Manténganse en el presente! No lo piensen demasiado ni traten de adivinarse ustedes o al prospecto.

Este ciclo podría implicar una cita o abarcar seis. Utiliza tu juicio para determinar el momento en que la energía está empezando a reducirse. Intenta poner fin a la conversación antes de que la energía sea muy baja. Debes empezar con energía media y terminar con energía alta. Deja a los prospectos esperando más y mejor información, la cual proporcionarás. En cada conversación siempre haz "preguntas para hacer acuerdos", al principio con sutileza, y con más detalles después, cuando la mayor parte de las objeciones y preguntas hayan quedado resueltas.

La mayoría de los prospectos que estén interesados genuinamente serán muy claros respecto de los arreglos que quieren hacer contigo. Sin embargo, algunos no estarán interesados. Está bien. No lo tomes como algo personal. ¿Acaso tú siempre compras todo lo que ves en una tienda? Claro que no. Puede que no tengas lo que esa persona está buscando en realidad. Está bien. Siéntete libre de admitirlo siempre y cuando percibas que no tienes la solución apropiada para ese cliente. Eso creará una credibilidad formidable. Si tienes que retirarte del trato y lo has hecho de manera honorable, siéntete libre de preguntar al prospecto, basado en lo que le dijiste hasta ese momento, si de casualidad conoce a alguien más que pueda estar interesado en ese producto, servicio u oportunidad. Pídele el nombre y número telefónico y pregúntale si estaría dispuesto a hablarle a esa persona con anticipación para decirle que tú vas a llamarla.

Hay algunos a quienes les da miedo y se echan para atrás. Ya se respondieron todas las preguntas y el prospecto en realidad quiere el producto o servicio pero parece que no puede tomar una decisión. Esto puede ser muy frustrante para un vendedor que ha invertido mucho trabajo y energía a esas alturas. ¡Ten cuidado! ¡No te impacientes! Si tratas de jalar el gatillo muy rápido, puedes hacer explotar todo. Si te enfrentas con este dilema, debes intentar lo siguiente. En vez de hacer las preguntas del "arreglo" una vez más, tan sólo *dile* al prospecto cuándo, dónde o cómo harás la entrega. Fíjate en su respuesta. Puede que sencillamente esté de acuerdo y te siga la corriente, y entonces el trato ya está hecho. Si sigue dudando, puedes ser un poco como un pit bull. Una respuesta que me ha funcionado es una declaración como: "Está bien, depende de usted. Avíseme lo que quiere que haga para que esto le funcione. Me daría gusto hacer cualquier cosa que usted quisiera en este momento. ¿Hay algo que tenga que suceder antes de que podamos empezar este proceso?"

Recuerda, si has sido un buen retriever hasta ahora, hacer arreglos no será difícil. Pregúntale al prospecto si se puede imaginar en el futuro con este producto, servicio u oportunidad. ¿Cómo sería? Una vez que hable de eso, puedes preguntarle sencillamente si está bien empezar en ese momento.

Me encantaría decir que pasar por este ciclo una vez garantizará tus ventas. Pero no es cierto. Los pasos pueden ser un círculo repetitivo en el cual sigues en el ciclo con un cliente. Vender es como bailar. Te mueves, te meces, te inclinas y giras. La diferencia en las ventas es que en realidad la música nunca se detiene. Siempre puedes regresar y bailar con la misma pareja otra vez si lo necesitas.

Asegúrate de siempre precisar a los prospectos los servicios y el apoyo que les proporcionarás *después de la venta.* Diles que la venta es el principio, no el fin. Una vez que hayas hecho la venta, comienza el verdadero trabajo en términos de apoyo, instalación, aplicación y éxito. Es muy efectivo poder *garantizar* que si eso no sucede estarás feliz de devolver toda su inversión sin duda alguna. Esto quita todo el riesgo del cliente y lo deja sobre tus hombros.

Nunca tengas miedo de preguntar "¿qué tan pronto podemos empezar?" Si siempre lo preguntas del mismo modo, el cliente se sentirá presionado, así que pregunta de muchas maneras diferentes en muchos momentos diferentes.

Si tu producto requiere de un ciclo de venta más largo, tu trabajo en cada interacción con el cliente es hacer primero un arreglo y mantenerlo y también hacer que se comprometa con algunas acciones a futuro. Podría ser el llenado de formas de financiamiento. Podría ser completar una encuesta. Podría ser visitar un sitio de usuarios. Podría ser hablar con un usuario actual.

Recuerda que hay un momento en que el comprador considera que la venta está consumada. Habrá un momento de euforia en su mente, un momento en el que esté orgulloso de su decisión innovadora o un momento en el que de hecho pueda visualizar los beneficios de lo que está comprando. Ése es el momento para atacar con la pregunta perfecta: "¿Conoce a alguien más que pueda estar interesado?" Esto lo puedes hacer poco antes de firmar una orden o días o semanas después de haber hecho la venta, pero *nunca* cuando el prospecto está firmando o concluyendo la venta. Dependiendo de cuál parezca ser su estado de ánimo, siempre hay un momento de miedo, indecisión y posiblemente de revisión de la decisión al momento de la venta. ¡No interfieras con su espacio!

No hagas esta pregunta hasta que esté en ese estado de ánimo tranquilo y orgulloso o podrías hacer que sienta remordimiento de conciencia de comprador, la sensación de que tan sólo quieres venderle y no crear una relación. Sin embargo, si haces esa pregunta en el momento adecuado, te dará nombres. Estarás en marcha y ¡nunca tendrás que volver a llamar a nadie sin anunciarte!

En resumen

CÓMO GANAR PROSPECTOS

1. Primero habla con la gente que conoces.
2. Haz el contacto inicial en la manera en la que te sientas más cómodo.
3. Haz tu investigación de mercado.

CITAS

4. Da una primera impresión muy buena.
5. Concéntrate con anticipación en lo que quieres que pase en la cita, no en tus miedos.
6. Haz una cita para volver a llamar o a visitar, una razón para mantenerte en contacto.
7. Dales cualquier cosa que quieran.

HACER ARREGLOS (CIERRES)

8. Haz preguntas y maneja las objeciones. Escucha y observa a tu prospecto para ver sus señales de compra. "Haz

arreglos" para cerrar el trato de una forma que sea apropiada para el cliente, no para ti.

Hueso: "Cerrar el trato" es una actitud, no algo que pasa al final de una llamada. *Siempre* deberíaspreguntar, hacer arreglos y tratar de implementar y resolver tan pronto como sea posible.

16

¿De quién es esta toma de agua?
Los secretos del manejo de territorio

No hay perro en el mundo que no esté íntimamente consciente de su propio territorio y de cuando ha sido invadido. Mientras tu juguetón cachorro levanta la pata en lo que parece abandono indiscriminado para marcar su territorio, la mayoría de los vendedores perros tienen maneras más civilizadas de marcar su dominio.

Para los vendedores perros los territorios pueden ser geográficos, estar divididos según línea de producto, negocios, grupo de mercado objetivo o cadena. Sin importar cómo se tracen las líneas, las reglas para marcar y proteger tu territorio siguen siendo las mismas.

Un buen vendedor perro debe mantener vigilados los límites de su territorio. Aunque no es socialmente aceptable "marcar" tu campo, definir y manejar un territorio se puede hacer de muchas maneras y lograr así cosas importantes.

Contrario a lo que se piensa, mantener vigilado el territorio *no* se hace sólo para protegerlo de competidores e inva-

Manejo de territorio   ©EINSTEIN

sores. En las ventas, establecer dominios proporciona a un vendedor perro el sentido de cuál es su arena y todas las criaturas del área saben quién es el "guardián" de la tierra.

Al caminar por el perímetro del territorio repetidas veces, los vendedores perros se acostumbran a cada olor, estructura y ondulación del terreno. Conoce a cada criatura que vive en esa área, sus hábitos, rituales y costumbres.

Un vendedor perro protege su territorio, lo examina y es un implacable curioso de cada matiz y cambio que ocurre en él. Debe conocer con detalle las compañías de su territorio, cuál es su categoría en la industria, sus filosofías de administración, si están creciendo o disminuyendo y así sucesivamente. Un vendedor perro debe saber lo más posible acerca de las personas con las cuales tiene contacto, qué lugar ocupan en la jerarquía, qué se piensa de ellos, en qué dirección van sus carreras y los problemas emocionales que enfrentan. Una vez creada esta familiaridad, todos empiezan a ver al vendedor perro como el guardián de la tierra.

Un amigo ha estado en el negocio de productos para oficina en Sydney durante muchos años. Ha patrullado ese territorio de manera entusiasta y diligente desde que abrió. No hay nada que ocurra en ese negocio en Sydney, o toda Australia, que él no sepa. Aunque otros perros se hayan inmiscuido ocasionalmente, hecho pipí y rascado en el área, las ventas continúan fluyendo para él. Esos otros perros estuvieron de paso y él sigue ahí. Se convirtió en una persona increíblemente exitosa y en el vendedor por excelencia de las compañías más grandes de la región.

Debido a su paciencia e interés a largo plazo en el territorio, después de cierto tiempo todas las criaturas de ese territorio acudieron a él. Si tienes paciencia y visión a largo plazo, el dinero empieza a llegar sin que lo pidas.

Por eso te interesas en un territorio, lo mantienes y trabajas. Todos en él deben conocerte, saber qué haces, y tú convertirte en el punto de referencia para quien pronuncie una palabra de tu producto o servicio. Tiempo y territorio han hecho que vendedores perros con técnicas pobres se conviertan en personas muy ricas.

Para los cachorritos es difícil, porque están impacientes por ver resultados. Por eso celebrar y reconocer las pequeñas victorias del camino es tan importante para mantener el ánimo arriba a lo largo del tiempo. El manejo del territorio no es difícil: sólo olfatea y escarba con regularidad diaria, semanal y mensual. Para los prospectos es tan importante verte escarbar con regularidad como para ti revelar información nueva. Al final, prospectos y clientes se sienten atraídos porque has formado un registro de regularidad, confiabilidad y estabilidad en su mente. Es la fuerza y el punto clave del basset hound, raza que las otras deben emular.

Por cierto, la técnica que discutimos acerca de hacer y mantener acuerdos con prospectos y clientes resulta una herramienta esencial cuando se maneja un territorio. Al comprometerte a hablar, escribir, visitar, proporcionar información y dar servicios a negocios o al menudeo, sistemáticamente creas un registro de veracidad en sus mentes.

Aunque siempre habrá nuevos perros en la cuadra que hagan pipí en tu toma de agua y rasguñen a tus clientes, los vendedores perros sabios siguen siendo confiables y leales. Te verán como un pilar, no como un saqueador.

17

Mantente fuera de la perrera
Avance en la carrera de los vendedores perros

Una de las razones de que personas como tú y yo nos sintamos atraídos por la alta velocidad, la alta presión y las altas posibilidades en las ventas es porque nos encanta cazar, nos encantan las victorias y repetirlas. Vivimos para la próxima emoción, el próximo acuerdo, el próximo apuro, y ese tipo de personalidad nunca deja de buscar. Es algo bueno. Sin embargo, nuestra necesidad de recompensas inmediatas y frecuentes nos puede llevar por mal camino.

Al igual que el cachorro que se quedó solo en casa durante mucho tiempo sin compañía ni estímulo, un vendedor perro sin interacción ni resultados destruirá la suya, comerá los muebles y deambulará, posiblemente para ausentarse sin permiso.

Los grandes vendedores perros entienden la necesidad de concentrarse, comprometerse y ser pacientes. Esto es fidelidad a tu industria, territorio y productos. No tiene sentido desperdiciar tiempo y energía en conocer un territorio si, siempre que descubres un terreno árido, saltas la barda y brincas más allá.

Los mejores perros de ventas de todos de alguna manera, con el paso del tiempo, han desarrollado la disciplina de la concentración y longevidad… gratificación retrasada. Los vendedores perros sin experiencia tienden a aterrorizarse si las ventas bajan y aun cuando las ventas lleguen, siempre están atentos vigilando por si acaso "llega algo mejor".

La manera más rápida de encontrarte en la perrera es vivir tu vida como un vendedor perro con una mentalidad de "nadie está contento con su suerte". En este negocio puedes pasar de ser una Leyenda a ser un perdedor en un lapso de cinco minutos. Ésa es la naturaleza del juego. Sólo vales tanto como tu última venta.

Con dinero baila el vendedor perro y el dinero es un estimulante poderoso para muchos de nosotros. Sin embargo, el constante impulso de ir tras algo más, mayor, mejor, puede significar que abandonemos el barco justo cuando el barco está a punto de entrar y perdamos la oportunidad. Esto toma tiempo, esfuerzo, cuidado, dedicación, servicio, lealtad y la intención de construir relaciones y fomentar la confianza; y demasiado vagabundeo tan sólo niega todo el trabajo y detiene el empuje. Todos soñamos con la situación de "tomar la orden" en la cual la gente te busca y te dice que te quiere comprar. A menudo si pasas el tiempo deambulando de una compañía a otra, o peor, de una industria a otra, alguien más llegará después de ti para beneficiarse de tu trabajo arduo. Nunca cosecharás las recompensas ni obtendrás resultados si te apartas mucho del buen camino.

Así que ¿qué pasa con los perros que se van por ahí?

Al final, se convierten en un fastidio y los mandan a la perrera. Los afortunados pueden obtener una segunda oportunidad, ¡pero a la mayoría los castran, los esterilizan o los sacrifican!

Hay muchos vendedores perros deambulando que añoran en volver a vender en la manera en que "solían hacerlo". Hasta los vendedores perros que caminan sin rumbo durante mucho tiempo se aferran a esos cinco minutos de fama en los que fueron una Leyenda. Vuelven a contar las historias de sus grandiosas conquistas pasadas a cualquier persona que los escuche.

Sin embargo, a la mayoría de estos perros se les ha quitado quirúrgicamente el espíritu de pelea. No lo quitó el escalpelo del veterinario, sino el mercado, el cual al final apoya el sonriente rostro familiar de los perros de venta centrados y comprometidos y rechaza al callejero, quejumbroso, infestado de pulgas que está buscando las sobras o un trato.

El mundo está lleno de miles de maravillosos perros que podrían ser campeones y grandes cazadores con el entrenamiento y el amo adecuados. Lo mismo es cierto respecto a los vendedores perros. Uno de los problemas del éxito temprano es que algunos vendedores perros se impacientan deseando tener un desempeño parecido y no pueden sobrellevar el flujo y el reflujo del ciclo de energía de ventas.

Recuerda, se llama ciclo de ventas porque es un ciclo. Tan sólo sigue dando vueltas y vueltas. Habrá fases buenas y malas, altas y bajas, pero todas pasarán.

Frank era uno de los mejores chicos de mercadeo en red en Toronto. Construyó en muy poco tiempo una de las redes con el crecimiento más rápido en ese entonces. Su impaciencia por repetir esa experiencia lo llevó a entrar por lo menos a seis compañías diferentes en un lapso de dos años para tratar de construir una red similar. Estaba a punto de ganar millones, pero no tuvo la paciencia o el poder de quedarse.

De hecho, todos los que él enroló y que se quedaron durante años están retirados hoy en día, gozando los beneficios de miles de dólares de ingreso pasivo mensual. Lo último que supe de él fue que es un administrador sombrío enterrado en una enorme compañía pública, que vive en los suburbios y sigue contando a los demás lo bueno que era en los viejos tiempos.

Mi hermano es el clásico vendedor perro. Su estrategia de basset hound en verdad esconde al poderoso pit bull que lleva adentro. Cuando era un joven cachorro de ventas se movía de industria a industria. Cambió de las ventas de cargamento a ventas de seguros, a más ventas de seguros y al final a ventas de equipo y sistemas de almacenamiento. Le tomó años gozar los beneficios de las ventas, porque aunque trató como pudo no logró encontrar un lugar donde encajar adecuadamente. Mi familia estaba preocupada. ¿Alguna vez Tim lo lograría? ¿Estaría destinado a la frustración eterna?

¡De ninguna manera! Lo sabio que hizo Tim fue escoger en el proceso a las compañías famosas en la industria por tener los mejores programas de entrenamiento disponibles. Sus cambios fueron cambios que abarcaron muchos años, no muchas compañías en un año. Una vez que encontró un producto y un servicio que en verdad lo emocionaban (siempre le había gustado jugar con camiones y grúas), se colocó años luz por encima de otros que competían para el puesto de Entrenador de Perros en ese campo. Sus habilidades y su cúmulo de experiencia lo hicieron llegar a la cima. Ahora vive en una enorme casa con muchos metros de tierra en una de las zonas más bonitas de Cleveland. Todavía puedo recordarlo diciendo que aunque no estaba muy complacido con los demás puestos en el transcurso de los años, estaba decidido a quedarse y a aprender tanto como fuera posible antes de seguir adelante.

Ya los has visto...

Los tipos que parece que juegan golf todo el tiempo, que nunca tienen que hacer llamadas en frío, que siempre tienen las mejores referencias y que parece que nunca tienen que sudar para conseguir los números. Parece que están en un movimiento perpetuo. Esto es porque se han mantenido fieles a sus amos, su territorio y su línea de trabajo y con el tiempo se han convertido en *la* competencia de todos. Han ganado ese puesto envidiable porque han estado ahí el mayor tiempo y tienen la apariencia de ser las autoridades.

Los perros callejeros que pasan de un lugar a otro nunca ganan la masa energética crítica que inclina la atractiva gravedad hacia ellos. Al final su falta de resultados genera agotamiento, crea una espiral negativa en su cabeza que neutraliza su capacidad de vender.

Yo soy de la opinión de que la profesión de ventas es la tarea más poderosa de crecimiento personal que cualquiera puede abordar. ¿Por qué? Porque cada día, cuando te ves en el espejo, te fuerza a ver quién eres en realidad. Los resultados que creas son un reflejo de lo que piensas, lo que haces, lo que sientes y hasta lo que evitas.

También descubrí que casi todas las personas exitosas del mundo de los negocios, en todas partes del mundo, pueden rastrear sus raíces en las ventas. Su tenacidad, su optimismo, su resistencia, están ligados a incontables encuentros con prospectos, grandes y chicos.

La primera decisión es crítica. ¿A dónde ir a trabajar?

Como puedes ver, como vendedor profesional, no debes escoger una compañía basándote en la retribución que recibirás al inicio sino, aún más importante, en la educación que recibirás. Cuando escojas una compañía de mercadeo en red, una firma de bienes raíces o una corporación, escógela basándote en el entrenamiento que te proporcionará.

Ésa será la mejor inversión a largo plazo que harás. Hace años yo escogí Burroughs (ahora UNYSIS), pero no por sus productos. De hecho, tenían los sistemas de computadora más costosos del mercado en ese tiempo y eran los más difíciles de operar. Sin embargo, su entrenamiento era vasto y extenso. Los cuatro años que pasé ahí no sólo me dieron las herramientas para vender, sino que también arraigaron la fortaleza intestinal para ser un verdadero jugador en el mundo de los negocios.

Como gerente, si te enfocas en entrenar a tu jauría, ganarás en grande. Si tan sólo te enfocas en el $$$, tus victorias serán cortas y fugaces. Como buen vendedor perro, debes escoger a la compañía que te dé el mejor entrenamiento posible. Una vez que la encuentres, comprométete a quedarte ahí por lo menos durante cuatro o cinco años para aprovechar el continuo flujo de preparación, capacitación y atención personalizada que viene con un gran entrenamiento en ventas. La cantidad de tiempo es crítica para construir realmente el enfoque, las habilidades y el esfuerzo necesarios. Cambiarte a nuevos lugares rompe el flujo del entrenamiento y la capacitación. El tiempo pasa rápido y los beneficios financieros son enormes si practicas algo de tenacidad y paciencia.

Por eso me gustan las organizaciones de mercadeo en red. Las buenas ofrecen una enorme cantidad de entrenamiento y preparación. Esto se debe a que cada persona tiene un interés personal en entrenar a las personas que enrola. Les genera dinero de manera directa. En el mundo del comercio electrónico, y el aprendizaje electrónico, las redes lo son todo. Aquellos que invierten en entrenar sus fuentes humanas de hecho multiplican el poder de ganancia de su red de manera exponencial.

Una vez que sepas qué raza de perro eres, necesitas encontrar un mentor (un perro alfa) que sea de diferente raza, que pueda darte las habilidades que necesitas para ser un vendedor perro de un cuadrante más alto. Los pit bull necesitan encontrar mentores poodle o golden retriever para añadir las cualidades de mercadeo y servicio a su repertorio de habilidades de ventas. El basset hound necesita encontrar un poodle para el mercadeo y el poodle necesita un poco del conocimiento de un chihuahueño para añadirle algo sustancioso a su imagen tranquila.

Si un vendedor perro se concentra, su carrera seguirá un progreso natural, como el de los círculos concéntricos que siempre están en aumento. Hay cinco grandes migraciones para el gran vendedor perro. Cada migración es un territorio en expansión, el cual representa oportunidades de recompensa cada vez más grandes.

La mayoría de los cachorros empiezan su vida como vendedores ofreciendo algún producto o servicio al menudeo por alguien más. El trabajo se orienta hacia las ventas y requiere de muy poco mercadeo personal. Puede ser vender productos, zapatos, artículos de oficina o ropa de hombre en una tienda de menudeo en un centro comercial. En esta etapa, la clave del éxito es la asertividad, gracias a la cual puedes lidiar con las objeciones y rechazos y amarrar acuerdos. También necesitas una energía alta y una naturaleza empática y atenta. Esto es importante para construir relaciones, ventas de seguimiento, servicio y solución de problemas. Trabaja en estas habilidades cuando seas un cachorro de ventas y estarás listo para tener una carrera emocionante y lucrativa.

CICLO DE CARRERA

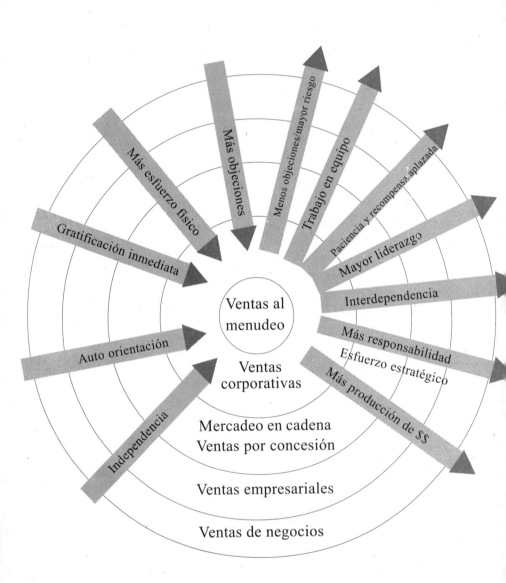

A medida que un vendedor perro se va haciendo más atrevido y aprende más acerca de establecer y mantener buenas relaciones, se cambia a las ventas corporativas. Todavía venden un producto para alguien más, productos tales como máquinas de negocios, servicios de transporte aéreo o inversiones, pero con campos más altos y más complejidad en el producto y en las relaciones.

En esta etapa necesitas afinar tus habilidades cara a cara para que puedas generar confianza. Necesitas acostumbrarte y sentirte cómodo con personas de alto nivel encargadas de tomar decisiones y con el sutil arte del control de daños. Ser capaz de improvisar y pensar con rapidez es parte importante de tu desarrollo aquí, así como la capacidad de simplificar conceptos complejos y presentarlos frente a grupos.

Esas esferas de ventas son muy seguras y es en esos nichos donde los vendedores perros reales demuestran su verdadera raza y temperamento. Empiezan a sentirse cómodos con su talento natural y los puntos fuertes de su raza. En esta etapa, la mayoría de los vendedores perros pueden generar fácilmente saludables ingresos de seis dígitos.

¡Ése es el momento de no ser un perro callejero! Si los vendedores perros se vuelven callejeros en esta etapa de su desarrollo las próximas esferas de ventas siempre los eludirán. Sencillamente no tendrán la disciplina o el poder de permanencia para gozar los beneficios de un buen dinero perruno.

Dentro de la arena corporativa está la transición natural hacia la gerencia y la dirección, no obstante es posible que llegue un momento en el cual los vendedores perros experimentados capten el aroma de presas más grandes. La vena independiente que los llevó a las ventas puede volver a surgir con pasión e intensidad.

En la tercera fase, los vendedores perros adquirirán una franquicia como dueños o hasta asumirán el reto de construir una organización de varios niveles. Invertirán su propio tiempo y dinero y venderán como nunca antes lo han hecho. El riesgo es mayor, pero las recompensas pueden ser enormes. De hecho, no hay un límite para las ganancias. Todavía es una esfera relativamente segura porque existen fórmulas para las ventas y la distribución. En esta esfera, el vendedor perro tiene protección de algunos peligros de la naturaleza.

Para tener éxito en esta fase, los vendedores perros han de perfeccionar su capacidad de hablar frente a grupos. Deben inspirar y ser capaces de transmitir emoción, enrolar a otros a su visión y transmitir la idea general.

La próxima esfera para el vendedor perro es convertirse en empresario y desarrollar su propio concepto, producto o servicio y construir la infraestructura y negocio para producirlo y entregarlo. Esto lo hace con sus propias ideas y con su propio equipo. El vendedor perro no sólo tiene la tarea de vender a destinatarios finales, sino de contratar inversionistas, prestamistas, proveedores y otros aliados con su misma visión. Las habilidades de un vendedor perro se deben afinar, porque hay mucho más de una venta en juego, el dinero, la confianza y el apoyo de otras personas. La proporción de fracaso es muy alta en este nivel, pero las recompensas pueden ser legendarias. Tan sólo pregúntale a Bill Gates o a Michael Dell.

La intensidad y la pasión son imperativas, porque a menudo éstos son los ingredientes que motivarán al equipo y guiarán a las personas a través de la incertidumbre. Ser capaz de resolver problemas de manera creativa en combinación con la capacidad de simplemente "encontrar la manera" es determinante para el éxito en esta esfera.

La última esfera de un vendedor perro no es sólo vender su propio producto, sino de hecho vender su propio negocio. Te mueves a la esfera de ser constructor de negocios y vendedor de negocios. Hay muchos vendedores perros felices que atravesaron pantanos y bosques enredados para convertirse en grandes constructores de negocios. Durante el camino, su fuerza y optimismo los mantuvieron a la cabeza de las razas aristocráticas que subieron al mercado sin lo básico. La fuerza subyacente de cada uno de estos individuos es su capacidad de crear una visión y vender a otros conforme a esa visión.

La carrera competitiva hacia el éxito está ahí, y las capacidades conceptuales y estratégicas para ver la idea en general y los detalles son un verdadero don. Estos vendedores perros son conocedores del mercado innatos y a menudo están muy orientados a los sistemas. Rara vez son de una sola raza, por lo regular adoptan lo mejor de cada una: del pit bull tienen el ánimo de nunca rendirse, del poodle tienen el sentido común en cuanto al mercado y el entendimiento innato de que la percepción equivale a la realidad, del chihuahueño tienen el hambre de conocimientos, del retriever tienen el compromiso y la capacidad de hacer muchas entregas y del basset tienen la confianza y la integridad. ¡Qué gran cachorro!

Cuando te mueves de una esfera de vendedores perros a otra los ingresos y las oportunidades aumentan de manera exponencial. Lo que se requiere es cada vez más responsabilidad personal hacia tus resultados, tu vida y tu condición. A medida que haces la transición, el espacio para la culpa, las justificaciones fáciles y la evasión de la responsabilidad disminuyen. Te vuelves responsable de todos los resultados. Esto es algo que el basset hound entiende desde que es un

cachorro de ventas y en secreto busca eso conforme van creciendo.

Al principio del ciclo los vendedores perros venden más,
sin embargo mientras hacen la transición al siguiente nivel
las habilidades de mercadeo adquieren tanta importancia
como las habilidades de ventas. Los poodle son buenos en
esto y al principio examinan sus habilidades de mercadeo en
áreas de menor riesgo.

El riesgo aumenta, pero aunque suene raro los rechazos y
las objeciones disminuyen. Sin embargo son más críticos,
ya que cada rechazo puede costar mucho en términos de estrategias de financiamiento, producción, apoyo y flujo de
dinero.

Lo más importante es que el papel del vendedor perro
cambia del cachorro recién llegado a la jauría al del perro
"alfa" que establece las leyes del grupo. Se necesita cada
vez más liderazgo conforme el vendedor perro hace la transición a cada esfera. El liderazgo es un producto secundario
automático para los vendedores perros que se mantienen
concentrados y no se vuelven callejeros.

¿Por qué esto es importante?

Porque cada esfera exitosa pone cada vez más dinero en
tu bolsillo. La diferencia entre la primera esfera y la cuarta
fácilmente es de cinco a seis veces mayor en términos de
dinero. La naturaleza de la caza cambia. En vez de dividirse
entre piedras y troncos, tu caza se traduce en estrategias de
planeación y organización. Tú eres el que jala los hilos, el
titiritero, mientras otros cachorros más nuevos llevan a cabo
la persecución física. Todavía estás muy involucrado en la
cacería, pero tu presa es más grande y más sabia.

Para las personas es difícil cambiarse a lo que el padre rico de Robert Kiyosaki llama el cuadrante D o de negocios, por dos razones:

1. Primero porque se niegan a aprender a vender o porque no han afinado sus habilidades de ventas. Si no sabes vender, no puedes crear o manejar un negocio exitoso. Tienes que venderle a tus clientes, tienes que venderle tu visión a tu equipo, a los inversionistas y a los socios. Tienes que venderte a ti mismo todos los días la razón por la cual estás corriendo esos riesgos. Por desgracia, hay mucho talento que se desperdicia porque hay algunas personas que consideran el vender como algo "sucio". Algunos prefieren sentarse en puestos seguros y aburrirse antes que ponerse en la línea de fuego que los vendedores perros conocen tan bien. De hecho, mi experiencia me ha mostrado que detrás de su disgusto por las ventas hay un profundo miedo a ser rechazados o a fracasar. Ya sea que empieces tu negocio o no, reconocer que de hecho sí vendes y que debes aprender a hacerlo bien transformará tu vida.

2. No pueden o no harán un equipo. Tienes que ser capaz de juntar a otros con más habilidades que tú en áreas específicas. Debes tener la suficiente confianza en que tu idea o negocio funcionará para atraer a otros a bordo; y tienes que ser lo suficientemente comprometido para no abandonar el equipo tan sólo porque la situación se está poniendo difícil. Los vendedores perros experimentados se han enfrentado a muchas objeciones y obstáculos. Han puesto su alma en juego y han batallado en las buenas y en las malas. También han creado la suficiente confianza como para estar seguros de su éxito. La mayoría se que-

dan atorados en el cuadrante A porque les da miedo no
lograrlo y por lo tanto decepcionar a todos. Suponen que
si no son exitosos por lo menos no serán responsables del
fracaso de otros. Los vendedores perros maduros saben
cómo mantener un equipo junto y en funcionamiento, incluso en tiempos difíciles. Saben que no hay una manera
de ganar el Iditarod con un solo perro, ni de amasar una
fortuna y asegurar el ingreso de un negocio exitoso de
esta forma.

18

Los perros "sólo lo hacen"

Hay una razón mayor por la que algunos pueden cazar y otros no. Quizá porque algunas personas tienen éxito en la vida y otras no. Todo se resume al diálogo en tu mente.

¿Te preguntas qué diálogo?

Es el diálogo con la vocecita que acaba de decir: "¿Qué diálogo?" No estoy seguro de cómo funciona el cerebro de un perro, pero supongo que hay una muy pequeña diferencia entre consciente y subconsciente. ¿Qué significa esto? Hay una parte de tu cerebro que usas conscientemente todo el día. Calcula, calibra, te hace hablar en voz alta y tomar decisiones importantes cada minuto, si debes o no repetir postre o tomar un descanso y beber un capuchino. He escuchado muchas historias y cuentos, pero la más reciente es que de manera cotidiana sólo usamos una pequeña parte del cerebro de manera consciente. Para los propósitos de esta discusión, el resto de tu mente se llama "subconsciente". Sé que algunos de ustedes pensaron en "inconsciente". Hablaré de eso en un minuto.

Pero volvamos al punto. El origen de esa vocecita que te asalta en la cabeza está en el subconsciente. Ya sabes, la parte donde tus recuerdos de victoria y derrota permanecen semidormidos. No sé si los perros caminan con una vocecita sonando en sus cabezas o si discuten con ella como hacemos los humanos. Sabes de qué conversación hablo. La voz consciente (VC) dice: "Hoy voy a acercarme a cinco nuevos prospectos", y la vocecita (V): "¿Qué pasará si no les gusto?" VC: "De todos modos voy a hacerlo". V: "En realidad puedes hacer el papeleo hoy y ver a esos prospectos mañana". Ya conoces la rutina.

La mayoría de las personas son "inconscientes". Eso significa que la vocecita que viene de sus miedos, la importancia de su pasado subconsciente y la voz lógica consciente del presente parecen ser lo mismo. Creen todo lo que la vocecita les dice, bueno o malo. ¡Para ellos la voz es la realidad! Nunca se toman un momento para cuestionar la validez del mensaje y simplemente no piensan. Son las personas que operan en piloto automático. Cuando se enfrentan a una oportunidad de crecer, aprovechar una oportunidad o enfrentar un reto, la vocecita empieza a balbucear y encuentran cualquier pretexto para evadir la responsabilidad y la posible incomodidad.

Es determinante entender el uso positivo o negativo de la vocecita. Ya nos hemos referido a ella muchas veces en el libro y creo que la manera más simple de entenderla es mediante el siguiente ciclo.

Ciclo del éxito de los vendedores perros

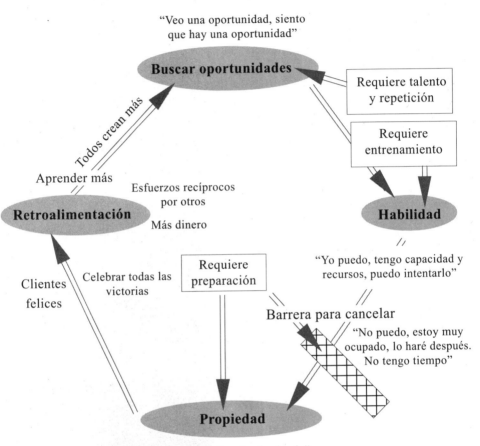

Al cruzar la barrera el ciclo se acelera y adquiere su propia inercia

Los grandes vendedores perros tienen un ciclo muy simple. El primer paso es que *buscan una oportunidad*. En otras palabras, de hecho buscan a una persona que les lance la pelota. No se sientan en una esquina a esperar que alguien se la ofrezca. Hace años, cuando decidí que quería hacer mucho dinero en las ventas, pregunté a mi gerente si podía abrir un nuevo territorio. Si me hubiera esperado, todavía estaría considerando la posibilidad. Los grandes vendedores perros no esperan a que alguien les dé un hueso, les ofrezca un aumento y un regalo. Están buscando enérgicamente esas recompensas. Tarde o temprano desenterrarán un hueso. Yo desenterré las islas hawaianas de Maui y Big Island como mi "nuevo" territorio. ¡Nada mal! Por cierto, cuanto más busques oportunidades, mejor serás para reconocerlas. Después de un año de ventas empecé a fijarme en patrones en el uso de máquinas de contar, tamaño de las compañías que tendían a comprarlas y patrones de uso. Muchos otros habían viajado a esos lugares pero nunca habían "visto" la oportunidad. Lo convertí en el territorio número uno de la región.

El segundo paso es la parte que se llama "capacidad." Esto quiere decir que una vez que el perro ve a una persona arrojando la pelota de arriba abajo, la vocecita considera: "Puedo hacer que esta persona me la arroje". O en el caso de nosotros los humanos, alega: "Soy capaz, tengo las fuentes, puedo descifrar cómo hacer esto". Michael Dell vio un mercado de ventas directas de sistemas de computadoras hechos a la medida y mientras seguía en la universidad se dijo: "Puedo hacer esto desde mi dormitorio".

Un amigo mío aquí en Tahoe movía tierra para contratistas y sitios de construcción toda la primavera y el verano y después hacía trabajos de carpintería durante los inviernos con mucha nieve. Vio que la ciudad, el condado y los negocios estaban pagando mucho dinero por quitar la nieve y no estaban contentos con el servicio. Así que reflexionó: "Tengo este equipo aquí parado sin usarse, lo puedo utilizar para quitar la nieve". Firmó algunos contratos muy buenos a tasas que sólo le permitían ganar, empleó a los mismos operadores para manejar el equipo y esquía todo el invierno.

El tercer paso, el más importante, es la etapa de la "apropiación" que dice: "Lo voy a hacer. Lo haré. ¡Lo estoy haciendo!" El perro se convierte en el dueño de la pelota y comienza su rutina de acoso. Michael Dell envía su primer folleto publicitario. Yo me mudo a Big Island. Mi amigo entra a la oficina de la ciudad en South Lake, Tahoe. La vocecita tan sólo decía "lo voy a hacer".

Si esto funciona, llega más dinero, los clientes están felices, te recomiendan con otros, fluye más dinero, más oportunidades se presentan solas y el ciclo se repite con más velocidad, impulso y recompensa.

Fácil, ¿verdad? ¡Estás equivocado! Porque la mayoría de las personas fallan entre la etapa del "Yo puedo" y la del "Lo haré". A veces la vocecita gana y dice: "Podría hacer esa llamada hoy, pero no la haré porque no me siento con ánimos y probablemente lo echaré a perder". "Ya veo que podría acercarme a un mercado nuevo con nuestros nuevos servicios, y sé cómo hacerlo, pero lo intentaré el próximo mes." "Puedo hacer una llamada de ventas más hoy, pero tengo otras cosas que hacer, así que lo haré mañana." ¿Te suena familiar?

No creo que los perros pasen por toda esta angustia mental, tan sólo ven la oportunidad y cambian del "Ya veo" al "Lo haré" a "Ya lo hice". Los grandes vendedores perros son campeones en cruzar esa línea a "Lo estoy haciendo". ¿Por qué crees que Nike hizo tanto dinero con su famosa campaña que dice "Sólo hazlo"? Porque Nike sabe que la mayoría de la gente ¡no lo hace! Cuentan una buena historia, llegan hasta la línea y encuentran otra razón seudológica para no hacerlo o para posponerlo y dejarlo para más tarde, aunque saben que deben "hacerlo". Sin embargo, si compran los zapatos de Michael Jordan, de alguna manera sienten que "lo hicieron".

Es la pieza clave en cuanto a por qué algunos perros pueden cazar y otros no. Es el centro del éxito y el desarrollo personal. Olvida las ventas por un minuto y piensa en tu vida. "Veo que hay un fondo que ha estado creando ganancias fijas durante los últimos tres años." "Soy capaz de depositar automáticamente cien dólares al mes para invertir a largo plazo." "Pero no puedo porque no tengo lo suficiente para pagar mis cuentas", o "Veo que mi esposa tuvo un mal día. Se ve rendida. Puedo tomarme cinco minutos para escuchar cómo le va y ofrecerle algo de apoyo... pero estoy muy cansado o muy ocupado, lo haré después" o, peor aún, "¿Cuándo fue la última vez que ella hizo eso por mí?"

Cada vez que retrocedes en esa línea, la distancia entre tú y lo que estás tratando de lograr al final, una venta, riquezas o una gran relación, se vuelve cada vez más grande. Se crea una pared entre tú y tus metas que se hace enorme hasta que después de un tiempo ni la dinamita puede hacerle un hoyo para atravesarla.

La belleza de las ventas es que ofrecen oportunidades para cruzar a diario, a cada momento, esta línea, sin tomar en cuenta el factor de la vocecita, haciendo más fáciles todas las áreas de tu vida. Es como la destrucción de un *iceberg*. Tarde o temprano se crea una grieta que al final separa el hielo y pasan muchas cosas. Así es como el rico se hace más rico, como las buenas relaciones se hacen mejores con el tiempo y como un vendedor perro se vuelve un campeón y las ventas empiezan a tener lugar.

El propósito de ensayar objeciones y hacer llamadas no es vender, sino entrenar y condicionar tu mente para que cruce la línea del "Puedo hacerlo" al "Lo haré" o "Lo hice".

Uno de mis clientes es Singapore Airlines. Se le conoce como una de las mejores del mundo en servicio al cliente. Es el mismo ciclo que siguió para transformar la experiencia del cliente. Cada persona en la aerolínea está entrenada para aprender cómo cruzar esa línea y descubrir una oportunidad para servir al cliente: se siente con el poder de decir "Puedo y voy a hacerlo", sin tener que buscar aprobación o permiso. Esto ha elevado a la aerolínea a una esfera de servicio y ventas que más que exceder el producto normal eleva la categoría que la mayoría de las aerolíneas usan para mejorar ventas y servicio. Se entrena a cada agente y empleado para apropiarse de la situación y simplemente hacer lo que es bueno para el cliente.

Decidí que había una oportunidad en el entrenamiento corporativo cuando todavía estaba en el negocio del cargamento aéreo. Sabía que podía enseñar e inspirar a otros a mejorar su desempeño y ayudarlos a mejorar sus vidas. Si lo haría o no es otra historia. Había un riesgo y una gran probabilidad de morirme de hambre.

Mi esposa y yo empacamos nuestras cosas, nos fuimos del sur de California y nos dirigimos a Phoenix para iniciar la nueva empresa. Tomamos un gran respiro y dijimos: "Lo vamos a hacer". No era algo tan difícil porque lo habíamos hecho antes: cuando empezamos la operación de transportes, cuando nos casamos y cada día que enfrentamos obstáculos en los negocios. Lo más importante, en todo caso, era que yo llevaba haciéndolo durante años en las ventas. Me mudé a Big Island. Hice la llamada adicional cada día. Me esforcé por mandar correos más veces de lo que debí y era prudente, pero cuando llegó el tiempo de dar los grandes pasos, la confianza era más grande. Siempre hay miedo, pero para los grandes atletas el miedo es un gran motivador, porque en su mente saben que cruzar la línea significa mayor fuerza para algún esfuerzo futuro.

Si no aprendes nada de este libro, te pido que me hagas un favor. Deja el libro un momento, ve con la persona más importante de tu vida, tus hijos o tu esposa y aprovecha la oportunidad de conectarte con ellos. Tan sólo reconoce para tus adentros: "Veo una oportunidad de tomar 60 segundos para hacer algo bueno por esta relación, puedo hacerlo y lo haré", ¡y sólo hazlo! Es el paso más importante que puedas dar. Hazlo de nuevo y se volverá más fácil. Van a ocurrir dos cosas. Tu relación mejorará de manera exponencial y tu capacidad de cruzar la línea en otras áreas de tu vida aumentará también. Te resultará más fácil vender, hacer llamadas, adquirir nuevas herramientas, convertirte en la persona que quieres ser.

Los perros no piensan en eso. Van de un lado al otro del cuarto, te ven como una oportunidad de tener compañía y simplemente caminan y colocan su melosa cara sobre tu regazo. Inténtalo... ¡Podría funcionar!

19

Entonces, ¿qué tipo de vendedor perro eres?

Entonces, ¿qué tipo de vendedor perro eres?

¿El tenaz pit bull, que a la menor provocación sale a cazar?

¿El poodle más sofisticado, que entiende la importancia fundamental de la primera impresión, la mercadotecnia personal y la formación de relaciones con las personas "indicadas"?

¿El retriever, que nunca apresura al prospecto sino que lo "acaricia con el hocico" y le sirve en todas las oportunidades hasta convertirse en el proveedor por excelencia?

¿O el chihuahueño curioso por naturaleza, que no ama otra cosa que llegar a ser el experto reconocido en todos y cada uno de los productos de su campo? ¿Quieres que te vean como la "fuente de todo conocimiento"?

¿Un basset hound, que sigue adelante a su propio ritmo, se queda con el rastro y establece credibilidad y relación personal con el tiempo? ¿Podrías ser el "Columbo" de la familia canina, atrayendo a tus prospectos con un falso sentido de comodidad y seguridad, haciendo mella de manera lenta pero segura bajo su propia determinación, siguiéndolos hasta los confines de la tierra mientras la competencia se han dado por vencidos hace mucho tiempo?

¿O quizás el Gran Perro de altas expectativas, que vive para el gran suceso que le dará mucho dinero? ¿O tal vez fantaseas con convertirte en un Gran Perro?

Es probable que hayas reconocido un gran número de características y rasgos quizá de un par de las razas. Eres el mejor perro de raza híbrida, el cachorro más potente y efectivo de la jauría. Tal vez eres una mezcla de muchas razas o según el momento eres capaz de mostrar un poco de cada una.

Espero que este libro te haya llevado a conocerte mejor, al igual que a reconocer tus puntos fuertes. Espero que te haya llevado a un lugar de relativa paz donde aceptes quién eres por lo que eres y dejes de castigarte por todas las cosas que tal vez no seas. Uno de los mitos en las ventas es que para tener éxito todos debemos ser perfectos, androides completos. Que todos tenemos que ser perros de ataque, agresivos y feroces para hacerla en grande. Espero que esos mitos hayan desaparecido. La verdad es que sólo tienes que conocer tus puntos fuertes, actuar de acuerdo con ellos y evitar o compensar tus debilidades. Aprende otros rasgos de otros vendedores perros y... ¡conviértete en el mejor perro de raza híbrida!

He visto muchos vendedores perros excelentes en mi vida y en todo el mundo. Son en extremo diversos y cada uno es fenomenalmente exitoso a su manera. Sé que si a las razas se les permite correr al lugar donde se sientan más cómodas y felices, crearán resultados increíbles y continuarán desarrollándose y teniendo logros. Sin embargo, hasta el cachorro más excepcional rendirá menos de lo esperado si lo pones en el lugar equivocado.

Uno de mis mentores es David. Es el fundador del infomercial y responsable de más campañas exitosas de mercadotecnia directa que ninguna otra persona en Estados Unidos y probablemente en el mundo. Nació con lo canino en la sangre. Aquí te presento cómo se evaluó a sí mismo:

David, ¿qué raza de perro te describiría mejor y por qué?

Mi respuesta inmediata es un pit bull. Soy tenaz y esa cualidad me separa del resto. Si quiero hablar con Bill Clinton, hablaré con Bill Clinton. Haré cien llamadas para encontrar a alguien que conozca a alguien que conozca a alguien que pueda hacer que hable por teléfono conmigo. Así que la respuesta rápida sería pit bull.

...Sin embargo, el pit bull no es elegante. Él ataca, yo no. Él muerde fuerte y toma medidas drásticas, yo no lo hago. Le encanta dejar a su adversario herido o muerto. Yo nunca haría eso, porque sé que debo lidiar con ellos otro día. Él gruñe y amenaza, y mis 40 años de experiencia me han enseñado que gruñir y amenazar nunca funciona. Me gusta dejar a mi adversario pensando que obtuvo "el mejor trato en la ciudad" y al pit bull no le importa.

Así que necesitaría agregar un poco de elegancia. Por supuesto, cuando pienso en elegancia pienso en el perro afgano. Sin embargo, hay muchos problemas con la idea que tengo de él. Primero que nada, son los animales más estúpidos sobre cuatro patas. Quizá yo no sea el más listo, pero sé que no soy el más estúpido. En segundo lugar, necesitan mucho cuidado y atención y eso es muy desagradable. Yo casi no necesito nada de eso. Y, finalmente, son remilgosos, y yo no lo soy.

Hay algo de elegancia en el doberman. Mi esposa Jean tiene un increíble doberman con el que he vivido durante muchos años. El doberman es como yo, agresivo, muy inteligente y necesita poco mantenimiento. Por otro lado, se les tiene miedo. Las personas se cruzan la calle cuando ven uno, pero a mí las personas me hablan queriendo hacer "tratos" conmigo. Nadie quiere hacer un trato con un doberman. Sin embargo, me gusta la sutil mezcla de miedo y respeto que inspiran.

También está el mastín inglés. He tenido cuatro a lo largo de mi vida, así que tengo muchos prejuicios, pero el mastín también es como yo: Grande y descuidado, fácil de mantener, muy leal y muy, muy tenaz. A primera vista asustan, pero luego los adoras. Cuando estás con ellos necesitas un "buen trapo", porque babean sobre ti… y tienes que aceptar eso como parte de su ser (algo así como aceptar lo malo que viene con lo bueno).

Así que en conclusión: el mastín inglés (no lo confundas con el mastín napolitano, el cual es mucho más pequeño, un perro muy malicioso).

¿Cuáles son los dos atributos más importantes para ser excelente en las ventas?

Esta pregunta es mucho más fácil.

Primero, siempre ponte en los zapatos del cliente. Pregúntate a ti mismo: "Si yo fuera este prospecto, ¿por qué querría hacer negocios *conmigo*?" Piensa qué elementos de su trabajo odia hacer y le encantaría delegar. Si puedes encontrar ese botón y apretarlo, básicamente pones palabras en su boca. Aprende a pensar como el prospecto, sírvele, haz su vida más fácil y serás un gran éxito en las ventas.

Cuando David habló conmigo, dijo simplemente: "Si yo pudiera hacer *xyz* por ti, ¿estarías dispuesto a pagar *x* porcentaje? Yo le dije: "Si tú puedes hacer eso, ¡tenemos un trato!" ¡Así de fácil!

"¡Dales cualquier cosa que quieran!"

Lo segundo son las comunicaciones. Cuando vas al aeropuerto a tomar el vuelo de las 9:00 am y descubres que se canceló a las 11:00 de la noche anterior, te vuelves loco. "¿Por qué no me llamaron? Pude haber hecho otros arreglos." Cuando le prometiste a alguien la información para el martes y no se la puedes dar, llámalo en cuanto puedas y dile: "Blair, no te puedo dar la información hoy como lo prometí, la tendrás el miércoles a las 11:00 am. Te llamaré cuando tenga los datos y te mandaré un fax para confirmarte, si no vas a estar en tu oficina, te lo mandaré a tu correo electrónico para que lo puedas ver en cualquier lugar". Devuelve las llamadas siempre y puntualmente. Anticipa las necesidades de tu cliente y llámalo para discutirlas antes de que te lo pida. Cuando termines un trabajo, llama al cliente y dícelo, así no esperarás a que él te llame para tener un informe. Comunícate con él constantemente.

Valores del hound con el sentido de un retriever

Me preguntaste dos cosas. Aquí está la tercera. Toma el 1 000 por ciento de responsabilidad. Nada de excusas como "Se perdió en el camión", "Se está llevando más tiempo de lo que esperaba", "Mi contador no vino hoy". Sin excusas. Si te equivocas, enfrenta la responsabilidad. "Hola Blair, prometí que te enviaría un folleto ayer, no salió, lo siento, te lo mando hoy. Por favor acepta mis disculpas, me equivoqué."

Eso es todo amigo mío.

Un verdadero maestro

En relación con los otros mitos que revelamos al inicio, espero que veas el valor de la manera de pensar de los vendedores perros aunque no trabajes esta área. La verdad es que todos vendemos o negociamos todo el tiempo. No todo el mundo es un vendedor perro practicante. Puede que hayas decidido mentalmente que las ventas no son santo de tu devoción y quizá trabajes en un campo que no creas relacionado con las ventas y por ello tus cualidades caninas están en reposo.

Sin embargo, conocer tus propias características para la comunicación cotidiana es vital para el éxito en lo que haces. Nosotros como seres humanos asumimos que las personas siempre son como nosotros. Por ejemplo, como gerente puedes ser renuente a delegar un trabajo en particular porque piensas que es terrible. Pero lo que es terrible para ti puede ser lo que más le gusta a otra persona. Así que ser capaz de reconocer la raza de las personas que te rodean es benéfico para muchos aspectos de la vida, no sólo para las ventas. ¿Con qué clase de cachorro estás casado? ¿Qué hay de tus amigos? ¿De tu jefe? Saber el comportamiento y las características de quienes te rodean te ayudará a comunicarte de manera más efectiva y a vivir en armonía con ellos.

No debes tener la piel de un rinoceronte y el instinto asesino de un tigre que está de cacería para sobrevivir y prosperar en tu negocio. Tampoco tienes que ser esa clase de persona para obtener lo que quieres de la vida. Puedes ser quien eres y tan exitoso como quieras, siempre y cuando seas sincero contigo mismo, entiendas tus talentos instintivos y tus puntos fuertes y aprendas a controlar tu mente y tus emociones.

Creo que hay pocas profesiones con mayores retos que las que te ofrecen la oportunidad de influir, convencer o venderle a otros. ¿En dónde más estás forzado a verte a ti mismo, quién eres en realidad y de qué estás hecho? Los vendedores fenomenales están por todos lados. Algunos están en la línea de batalla y otros un tanto dormidos. Yo supondría que tú, en la situación correcta, puedes ser un sabueso implacable. Ellos son grandes agentes de cambio, mueven los hilos de la sociedad.

Como vendedor perro, a veces debes enfrentar rechazo, decepción y desilusión. También experimentarás altas en la vida, emoción, pasión y placer del éxito. Es una vida extrañamente en equilibrio, además de que te ofrece la oportunidad de ser lo mejor que puedas ser en cada momento.

Un perro nunca se da por vencido. Son entusiastas y optimistas hasta el final. Para eso nacieron los vendedores perros. Todos tenemos la capacidad de enfrentar nuestros propios miedos, de vender, de lograr nuestros más grandes deseos. Todos tenemos el espíritu de cazar y la capacidad de ser entusiastas respecto de nuestras oportunidades.

No importa si se trata de tu grupo de ventas, empleados, socios o hijos, a todos les gusta ganar. Tu trabajo es dar lo mejor de ti para que a cambio puedas sacar lo mejor de ellos y darles una probada de la victoria. Ya está ahí. Si espontáneamente te parece emocionante hacerlo, te graduarás para convertirte en líder de la jauría y serás inspiración para muchos. Marcarás las vidas de miles de personas a quienes no conocerás nunca. Sus vidas y sus negocios serán mejores gracias a tu esfuerzo.

También recuerda que "a todos los perros les llega su momento de gloria". Tarde o temprano llegará ese día y el éxito reinará. Asegúrate de aprovecharlo y construirlo, celebrarlo y disfrutarlo.

Como seres humanos, recordamos sobre todo lo que vemos. Cuando reconocemos una sonrisa, es señal de aprobación. Cuando vemos una cara familiar, nos recuerda a un amigo. Sin embargo, los perros recuerdan lo que huelen. Una vez que el aroma de un trato se vuelve familiar en sus sentidos, podrán rastrearlo a kilómetros de distancia. Confía en tu sentido del olfato y enseña a tus vendedores perros a hacer lo mismo.

Conviértete en el maestro de tus propias emociones y disfrutarás la libertad, el control y el poder de saber que tienes las riendas de tu propia vida y eso nunca nadie te lo quitará.

Último consejo

El debate continúa: "¿Los vendedores excelentes nacen o se hacen?" Te pido que lo decidas tú. Sólo tú puedes tomar esa decisión. Tenemos un potencial extraordinario para ser lo que soñamos y mi deseo genuino es que este libro, cuando menos, haya abierto esa posibilidad en tu mente de modo que puedas ver la sencilla verdad. Luego asume que "un perro es el mejor amigo del hombre". Conforme hagas tu viaje dentro, fuera o alrededor del mundo de las ventas, recuerda que la regla más importante de todas es: cuando el camino se ponga y difícil, y se pondrá difícil, recuerda *ser tu mejor amigo. Trátate bien... te lo mereces.* ¡Buena caza y buenas ventas!

Vendedores perros se terminó de imprimir en junio de 2007, en Centro de Negocios Pisa, S. A. de C. V., Salvador Díaz Mirón 199, Col. Santa María la Ribera, C.P. 0640, México, D. F.